'그대'와 나누고 싶은 세상 이야기

난亂세世를 읽는 시時론論

난세를 읽는 시론
'그대'와 나누고 싶은 세상 이야기

초판 1쇄 발행 2024년 10월 6일

지은이 김인호
펴낸이 장길수
펴낸곳 지식과감성#
출판등록 제2012-000081호

교정 한장희
디자인 이현
편집 이현
검수 주경민
마케팅 김윤길, 정은혜

주소 서울시 금천구 벚꽃로298 대륭포스트타워6차 1212호
전화 070-4651-3730~4
팩스 070-4325-7006
이메일 ksbookup@naver.com
홈페이지 www.knsbookup.com

ISBN 979-11-392-2127-5 (03320)
값 18,000원

- 이 책의 판권은 지은이에게 있습니다.
- 이 책 내용의 전부 또는 일부를 재사용하려면 반드시 지은이의 서면 동의를 받아야 합니다.
- 잘못된 책은 구입하신 곳에서 바꾸어 드립니다.

지식과감성#
홈페이지 바로가기

'그대'와 나누고 싶은 세상 이야기

난亂세世를 읽는 시時론論

경영학박사 김인호 지음

매월 전개되는 핫이슈(hot issues)를
동서고금의 지식과 지혜로 해석하니
과거를 통해 현재의 의미를 파악하고
다가오는 미래를 통찰할 수 있는 안목이 형성됩니다.

- 편집자의 소감 -

저자의 말··

　삶과 일의 현장에서 전개되는 이슈(issues)를 공학적 엄밀성과 인문학적 관점 그리고 전략적 사고를 결합한 마인드로 조망한다는 생각으로 5년여의 기간에 걸쳐 언론에 시론(時論) 형식으로 글을 발표했습니다. 기고한 글을 한 권의 책으로 접했으면 좋겠다는 권유에 힘입어 3년 정도 쓴 글을 《김박사의 경영에세이》라는 책으로 출간하여 독자 여러분의 과분한 사랑을 받았습니다. 책의 제목이 다소 무덤덤하다는 지적도 있었습니다. 차제에 기존 분량에 새로 쓴 글을 추가한 개정·증보판을 '난세(亂世)를 읽는 시론(時論)'이라는 제목으로 펴냈습니다.

　2,000자로 쓰다 보니 충분히 설명하지 못했던 내용을 약간씩 추가하여 좀 더 편하게 읽을 수 있도록 수정·보완했습니다. 각 글의 첫 부분에 핵심 메시지를 제시했습니다. 생동감을 부여하기 위해 최근에 쓴 글부터 실었습니다.

　전반부 〈세상과 현실〉에서는 당시 언론에서 화젯거리가 됐던 문제를 적극적으로 다뤄서 이슈 중심으로 세상·현실의 전개 상황과 작동 원리를 이해하여 미래에 대한 통찰력을 가져야 한다는 관점을 반영했습니다. 후반부 〈경영과 사람〉에서는 업무 현장에서 영향력을 발휘하면서도 쉽게는 드러나지 않는 무형적 요소를 발췌·분석하여 의사결정 상황의 본질을 규명했습니다. 글을 쓰게 된 배경과 의미를 유추할 수 있도록 각 글에 소제목을 붙이고 언론게재 일자를 표기했습니다.

　독자 여러분의 공감을 얻을 수 있다면 더없이 큰 보람과 기쁨이 될 것입니다.

2024. 10.
김 인 호

차 례

I. 세상과 현실을 보는 눈

1. '신뢰 인프라(trust infra)'를 붕괴시키는 괴담 ... 13
   〈계엄령 선포 준비설, 황당하다!〉

2. 대형 국책사업 리스크의 근원, 정치와 심리 ... 17
   〈가덕도 신공항 건설사업의 원천적 문제〉

3. 국력(國力)을 좀먹는 '막말' ... 21
   〈군을 모욕하는 행태는 국력을 좀먹는다〉

4. 겸손(謙遜)과 운명(運命) ... 25
   〈아모르 파티(Amor Fati)! 운명을 사랑하자〉

5. 108 번뇌(煩惱) ... 29
   〈공공연한 '108'의 의미는?〉

6. 우직한 것이 좋다!(愚直也!) ... 33
   〈우직한 대장부가 그립다〉

7. 총선·의료 전쟁, 관건은 명분이다 ... 37
   〈4.10 총선과 의료분쟁에 관한 소고〉

8. 원하는 감동, 원치 않는 감동 ... 41
   〈감동의 메커니즘과 현실〉

9. 운명의 법칙 ... 45
   〈갑진년(甲辰年) 원단(元旦)의 소고〉

10. 난극당치(亂極當治) ... 49
    〈'막판' 정치에서 희망을〉

11. 주역으로 본 정치 현실 ... 53
    〈비룡재천(飛龍在天) vs. 항룡유회(亢龍有悔)〉

12. 불통의 양극화 증후군! ... 57
    〈우리 정치의 고질적 병폐〉

13. 무량판 구조냐 시스템이냐 ... 61
    〈문제의 본질 규명이 우선이다〉

14. 점(占)의 미학(美學) ... 65
    〈무속·관상·풍수지리 프레임의 실체 탐색〉

15. 후쿠시마 원전 오염수 처리의 과학과 합리성 ... 69
    〈비과학적·비합리적 난동을 경계한다〉

16. 국방·군사시설 이전의 현안과 대응 방향　　　　　　　　73
　　〈국방·군사시설 이전과 지역발전의 상생〉

17. 변화·혁신의 걸림돌!　　　　　　　　　　　　　　　　79
　　〈자리를 떠나야 한다〉

18. 의리(義理)와 배신(背信)　　　　　　　　　　　　　　83
　　〈의기투합과 결렬의 메커니즘〉

19. 분노를 접고 이치를 살펴야 하는데　　　　　　　　　　87
　　〈한일 정상회담 후폭풍에 관한 단상(斷想)〉

20. 화살의 논리와 방패·갑옷의 논거　　　　　　　　　　　91
　　〈검찰과 이재명 민주당 대표의 실전적 현실〉

21. 건폭(건설현장 폭력)　　　　　　　　　　　　　　　　95
　　〈정부도 업계도 각성해야 한다〉

22. 건설업, 입춘대길(立春大吉)!　　　　　　　　　　　　99
　　〈봄의 길목에서 희망을 노래한다〉

23. 운명과 미래　　　　　　　　　　　　　　　　　　　103
　　〈계묘년(癸卯年) 원단(元旦)의 소고(小考)〉

24. 시스템의 위기　　　　　　　　　　　　　　　　　　107
　　〈국가 시스템이 위태롭다〉

25. 기업의 생장(生長)과 쇠멸(衰滅)　　　　　　　　　　111
　　〈카카오 '먹통' 사태에 관한 단상(斷想)〉

26. 없는 것들에 대한 착각　　　　　　　　　　　　　　115
　　〈궁극적으로 망하는 비결〉

27. 싸가지론　　　　　　　　　　　　　　　　　　　　119
　　〈싸가지 있는 민족인데, 왜 이러나?〉

28. 언어 리스크(words' risk)와 이청득심(以聽得心)　　123
　　〈'아' 다르고 '어' 다른 것이 말이다〉

29. 물극필반(物極必反)과 지기식세(知機識勢)　　　　　127
　　〈변화의 본질과 대처방안〉

30. 중대재해처벌법의 과학과 진실　　　　　　　　　　　　131
　　〈윤 대통령 취임사의 키워드 '과학'으로 조망한 중대재해법〉
31. 집단사고의 병폐　　　　　　　　　　　　　　　　　　135
　　〈함께 무모해지는 정치상황〉

II. 경영과 사람을 생각하는 마음

32. 결과지향(outcome-oriented) vs. 과정지향(process-oriented)　141
　　〈국민을 정부 정책의 공범으로 만들어라〉
33. 전문가, 그 한계와 오류를 경계한다　　　　　　　　　　145
　　〈경계 대상 1호, 전문가라는 사람들〉
34. 건설사고, 양 끝을 두드려 보자!　　　　　　　　　　　149
　　〈건설사고의 알파와 오메가를 추적하자〉
35. 윷놀이의 미래관(未來觀)　　　　　　　　　　　　　　153
　　〈윷놀이에 담겨있는 대한민국의 미래 철학〉
36. 변화의 징후(symptom)와 프랙탈(fractal) 관점　　　　　157
　　〈내가 미래를 예견할 수 있는 이유〉
37. 힘없는 토건세력!　　　　　　　　　　　　　　　　　161
　　〈대한민국 건설인, 힘내라!〉
38. 화천대유(火天大有)와 천화동인(天火同人)　　　　　　165
　　〈작명을 잘못한 것 같다〉
39. 리더(leader), 그 성장과 몰락의 시나리오　　　　　　　169
　　〈겸손함과 조심성을 잃으면 망한다〉
40. 갈등과 중대재해　　　　　　　　　　　　　　　　　173
　　〈중대재해의 원인은 따로 있다〉
41. 홀인원(hole-in one)의 미학(美學)　　　　　　　　　　177
　　〈홀인원 하면 왜 운이 좋아지는가?〉
42. 군 공항 이전 사업의 현안과 대응 방향　　　　　　　181
　　〈국방 분야 대형 건설사업의 특성을 말한다〉

43. 건설사업의 리스크 관리 ································ 185
  〈코로나19를 계기로 건설사업 리스크를 생각한다〉
44. 관성적 행태(inertial behaviour)의 경계 ········· 189
  〈자꾸 잊어버리는 나의 결점을 상기한다〉
45. 상사 찬미(上司 讚美) ·· 193
  〈안타까운 상사의 매력에 비친 내 모습〉
46. 경영 리더(Management Leader) ····················· 197
  〈내가 리더의 길을 포기한 이유〉
47. 직감(gut feel)과 배짱(boldness) ······················ 201
  〈안타까운 경영 현실의 근원〉
48. 감수성(sensitivity)과 상상력(imagination) ······ 205
  〈매력적 인간의 아름다운 최고 역량〉
49. 경영적 생존과 번영의 원리 ······························ 209
  〈먼저 주고 나중에 잘 받아야 한다〉
50. 필요의 진공(vacuum of needs)을 찾아서… ··· 213
  〈경쟁의 유토피아를 모색한다〉
51. 건설경영자의 3가지 역할 ································ 217
  〈관리자·창조자·리더 역량의 조화〉
52. 지식과 경험 ··· 221
  〈지식·경험, 버리는 것이 상책이다〉
53. 건설사업의 집단역학과 갈등관리 ···················· 225
  〈갈등이 없으면 건설사업의 묘미가 없다〉
54. 실력보다 매력이다 ·· 231
  〈최고의 경쟁력은 매력이다〉
55. 보수성(conservatism)의 현실 ·························· 235
  〈내부관성과 매몰비용에 집착하는 인간적 행태〉

56. 경영, 한마디로 말하면? 241
    〈경영자, 입장 바꿔 생각해야…〉
57. 운(運)을 불러들이는 경영자 245
    〈운, 경영자가 귀의해야 할 마지막 패러다임〉
58. 아첨(ingratiation)의 매력 249
    〈아첨도 매력일 수 있다〉
59. 편견(bias)을 경계해야… 255
    〈산은 산이고 물은 물인 것을…〉
60. 괘씸죄의 미학 259
    〈난무하는 괘씸죄의 본질〉
61. 관리자의 네 가지 유형 263
    〈관리자, 시너지 창출의 달인이어야…〉

I.
세상과 현실을 보는 눈

1. '신뢰 인프라(trust infra)'를 붕괴시키는 괴담　20240923
〈계엄령 선포 준비설, 황당하다!〉

> 삶·경제의 토대인 '물리적 인프라'가 부실하다. 국민의 '신뢰 인프라'도 붕괴하고 있다. 호의적이거나 최소한 악의적이지는 않다는 믿음에 생채기를 내는 괴담 때문이다. 괴담 유포는 중범죄 행위다.

지난달 29일 서울 서대문구 연희동 성산로에서 땅꺼짐 사고가 발생했다. 가로 6m, 세로 4m, 높이 2.5m의 대형 싱크홀(sink hole)이 생기면서 차량 탑승자 2명이 중상을 입었다. 31일 지하철 종로5가역 인근 도로에서 소규모 싱크홀이 포착됐다. 당일 정오경 강남구 역삼동 지하철 언주역 부근의 도로 일부가 꺼졌다. 지난 5년 동안 천여 건의 땅꺼짐으로 여의도 면적만큼의 땅이 내려앉았다. 삶·경제의 토대인 '물리적 인프라(physical infra)'의 부실이 그 원인이다.

국민의 '신뢰 인프라(trust infra)'도 붕괴했다. 호의적이거나 최소한 악의적이지는 않다는 믿음에 생채기를 내는 악성 괴담 때문이다. 이재명 대표와 김민석·김병주 최고위원을 비롯한 민주당 지도부는 정부가 계엄선포를 준비한다고 주장했다. 계엄 해제 요구를 막기 위해 국회의원 체포 계획도 마련했다며 2017년 작성된 군의 '계엄 검토 문건'을 사례로 들었다. 윤 대통령이 나온 충암고교 출신 장성이 계엄 관련 요직을 차지한 것이 정황 증거라고 한다. 을지훈련 국무회의에서 대통령이 '반국가 세력'이라는 표현을 사용했다고 한다.

2017년 당시 문재인 대통령 지시로 검사 37명이 104일 동안 계엄 문건 관련자 200여 명을 조사했지만 모두 무혐의로 끝났다. 400명의 장성 중 4명의 충암고 출신이 계엄을 모의하는가. 안보 관련 상황의 언급이 계엄선포의 조짐인가. 계엄령을 선포할 때 대통령은 대한민국 헌법(제77조)에 따라 지체 없이 국회에 통고해야 한다. 국회가 재적의원 과반의 찬성으로 요구하면 계엄을 해제해야 한다. 국회 192석의 야권이 무엇을 걱정하는가. 의원 체포에도 국회 동의가 필요하다. 절대 의석의 민주당이 동의하겠는가. 기습적으로 계엄령을 선포하고 국회에 물리력을 배치하여 계엄 해제 요구를 원천 봉쇄할 수 있을까. 국민이 용납하지 않을 것이다. 군도 따라줄 것 같지 않다.

민주당 정성호 의원은 "제보도 받고 있다는데, 상상력 아니겠나"라며 한 발 뺐다. 국방위에서 20년 이상 활동한 5선 안규백 의원은 "전혀 모르는 일"이라고 말했다. 김부겸 전 국무총리는 "뜬금없고 현실적 가능성이 없다"고 일축했다. 급기야 지난 12일 노무현 정부에서 정무수석을 지낸 유인태 전 국회사무총장은 "자다가 봉창 두드리는 소리"로 평했다. 도대체 괴담의 저의가 무엇인가.

괴담은 국민갈등·경제손실과 더불어 신뢰 상실도 초래한다. 2008년 미국산 소고기 수입 반대 시위 당시 한국경제연구원은 피해 금액을 최대 3조 7천억 원으로 추산했다. '뇌 송송 구멍 탁'은 없었고 미국산 소고기는 여전히 수입되고 있다. 국방부는 작년 6월21일 성주 사드 기지 전자파가 거주지 기준 최대 측정값 1㎡당 10W(와트)의 530분의 1(0.189%)에 불과하다는 환경영향평가 결과를 밝혔다. 국내 최대 참외 생산지 성주는 '전자파로 튀겨진 참외'라는 오명을 쓰고 수백억 원의 연 매출 감소를 겪었다. 일본 후쿠시마 원전 오염 처리수를 방류한 지 1년이 넘은 지금 안전기준을 벗어난 사례는 한 건도 보고되지 않았다. '방사능 테러'라는 말이 무색하게 수산물 판매량은 오히려 더 늘었다. 결국 "아니면 말고"였다. 이제 어떤 말도 믿기지 않는다. 한국 정치의 대명사는 '불신'이다.

공자(孔子)는 논어(論語) 안연편(顔淵篇)에서 "정치는 무엇인가?"라는 자로(子路)의 질문에 "식량을 풍족히 하고(足食) 병력을 충족하며(足兵) 신뢰를 얻는 것(民信之矣)"이라고 답한다. "하나를 버린다면 무엇인가?"라는 질의에 '병력'을 말한다. "또 하나를 포기한다면 무엇인가?"라는 추가 질의에 '식량'이라고 대답한다. "죽음은 누구나 겪지만 신뢰가 없으면 나라가 존립할 수 없다(民無信不立)"라고 피력한다. 국민 신뢰를 저버리는 정치세력은 망한다.

물질의 근간이 땅이라면 마음의 궁극은 하늘이다. 민심은 천심이다. 민심이 팍팍하다. 곳곳에 '임대문의'를 붙인 빈 상가가 보인다. "경기가 안 좋다, 월급 빼고 다 올랐다"라며 한숨짓는 사람과 마주친다. 의료대란 때문에 "절대 아프면 안 된다"가 인사말이 됐다.

민생은 외면당했고 괴담은 국민의 신뢰 기반을 무너트렸다. 땅이 꺼지는 현실에서 하늘(천심)도 무너졌다. '신뢰 인프라'를 붕괴시키는 괴담의 유포는 중범죄 행위다. 사죄하고 대가를 치러야 한다.

2. 대형 국책사업 리스크의 근원, 정치와 심리   20240812
〈가덕도 신공항 건설사업의 원천적 문제〉

> 대형국책사업의 실패 원인은 성급한 기획과 느린 실행이다. 배후 인자의 하나는 정치고 다른 하나는 심리다. 국책사업인 가덕도 신공항 건설의 리스크 근원은 정치권력과 심리의 상호작용이다.

대형 건설사업의 부실한 성과는 만국 공통 현상인가. 2002년 7월 11일 〈뉴욕타임스〉는 1910년부터 1998년까지 추진된 건설 사업비가 책정 예산 대비 평균 28%를 초과했다고 보도했다. 초과 정도는 철도(45%)와 다리·터널(34%) 그리고 도로(20%) 순이었다. 10개 중 9개 사업에서 비용·일정 초과와 편익 감소가 있었다고 한다.

옥스퍼드대 벤트플루비야(Bent Flyvbjerg) 교수는 저서 'How Big Things get done(2023년)'에서 136개국 20개 유형 16,000개 사업의 분석 결과를 발표했다. 비용·일정을 준수한 사업은 8.5% 수준이었다. 기대 편익까지 충족한 사례는 0.5%에 불과했다. 국방부에서 30여 년에 걸쳐 수백억에서 수십조 원에 이르는 군소·사단급 부대 이전과 항만·공항 건설 그리고 주한미군기지 이전·통합 사업에 참여한 필자 경험에 비춰 봐도 유의미한 수치다. 약속은 지켜야 한다는 상식이 통용되지 않았다.

예외적 성공 규칙은 무엇인가. 탄탄한 기획과 신속한 실행이다. 기획은 배가 출항하기 전에 항구에서 준비하는 작업에 비유된다. 실행은 폭풍이 몰아치는 바다를 항해하는 과정과 다름없다. 철저한 준비로 항해 시간을 단축하는 것이 상책이다. 리스크의 파도에 노출되는 시간을 줄여야 한다. 길을 잃고 헤매면 큰일이다.

실패 사업의 특징은 성급한 기획과 느린 실행이다. 배후 인자의 하나는 정치고 다른 하나는 심리다. 이해관계가 응축된 대형 사업의 태동·진행에는 정치가 개입한다. 권력에 순응하는 집단의 낙관적 심리가 더해져서 예측 오류와 시행 차질을 빚어낸다. 국책사업인 가덕도 신공항 건설의 리스크 근원도 정치권력과 심리의 상호작용이다.

가덕도 신공항은 정치의 산물이다. 2016년 동남권 신공항 입지 선정을 검토한 프랑스 전문기관은 가덕도 후보지의 안전성·경제성에 낙제점을 매겼다. '김해공항 확장'으로 결론이 났지만 2021년 부산 시장 보궐선거에서 문재인 정권이 선거용으로 제시했고 국민의힘이 동조했다. 예비타당성·사업비 검토를 생략했고 '무조건 추진하라'는 특별법을 제정했다. 2030년 부산 엑스포에 앞서 개항한다며 완료 시점을 2035년에서 2029년으로 당겼다. 정치가 대못을 박으면서 5년 이상의 공기 단축을 촉구했다. 엑스포 유치가 무산됐으니 조기 완공의 집착을 버릴 수 있지 않은가. 불가피하다면 정치적 요구와 기술·공학적 해결 사이의 균형적 타협이 절실하다.

무리한 조건을 적극적으로 수용한 첫 단계 사업인 활주로·방파제 등 공항부지 조성 공사 입찰이 2회 유찰됐다. 10조 5300억 원 규모의 초대형 사업에 건설사가 등을 돌렸다. 지난 31일 3차 입찰공고에서는 공기를 6년에서 7년으로 1년 늘렸다. 설계 기간도 10개월에서 12개월로 2개월 연장했다. 기존 예측이 비현실적이라면 경미한 수정 결과도 마찬가지 아닌가. 인천공항 1단계 사업은 9년이 걸렸다. 가덕도 신공항 규모의 9분의 1인 울릉공항 공기도 5년이다. 다급한 실행은 예산낭비·중대 재해를 부른다.

2029년 개항 시점은 불변이다. 활주로·여객터미널 등 필수 시설부터 개항하고 기타 공사는 계속 추진한다고 한다. 목표 달성 명분을 쌓기 위한 반쪽짜리 개항 추진 아닌가. 지반 부등침하(不等沈下) 우려로 배제된 '육·해상 공항 배치안'을 다시 꺼냈다. 20년 후의 침하량이 국제기준 허용치보다 작다고 말한다. 광범위한 지반의 내부에서 서서히 진행되는 부등침하는 하자보수가 불가능하다. 공항 기능 상실과 직결되는 심각한 리스크다. 철저히 준비해도 예상외의 문제가 반드시 생기는 것이 건설 사업의 속성이다. "모른다는 것을 모르는 것(unknown unknowns)"이 문제다.

예기치 못한 리스크는 연쇄적 지연을 초래한다. 비용도 따라서 상승한다. 사업이 "잘못 간다(go wrong)"고 말한다. 부실한 기획으로 "잘못 시작한(start wrong)" 것이다. 적정 품질을 보장하는 공기와 예산이 아니면 '노(No)'라고 말해야 한다. 포기한 사업에 대해서도 자랑스러워할 수 있어야 한다. 결국 문제는 사람이다. 상황을 과소평가하며 불합리한 현실을 조장·수용하는 '당신'이 문제다. '그건 너, 바로 너' 때문이다.

3. 국력(國力)을 좀먹는 '막말'   20240716
〈군을 모욕하는 행태는 국력을 좀먹는다〉

> 북한 김정은은 대한민국을 제1의 적대국으로 지명했다. 적과 대치하고 있는 엄중한 상황에서 전과 경력의 군 면제자가 제복 입은 군 지휘관을 공개적으로 모욕했다. 군의 사기를 꺾었다. 국력을 좀먹는 막말이다.

정치판의 '막말'이 어지럽다. 어떤 막말인가. 왜곡된 역사관을 표출한다. 김구 선생을 '폭탄 던지던 분'이라고 했다. "일제 강점기에 더 살기 좋았을지 모른다."고 말했다. '이토 히로부미는 인재'라고도 했다. '5.18 광주민주화운동'을 폄훼하여 공천이 박탈됐다. 혐오·조롱이 횡행한다. "암컷이 설친다, "발목 때기를 분질러놔야 한다."고 했다. 비윤리적 언사가 도를 넘었다. 여권 후보의 '난교 발언'과 낙마한 야권 인사의 '발목지뢰 목발 선물'이 그 말이다. 국격을 훼손하기에 부족함이 없다.

지난달 21일 '해병대원 특검법' 청문회 막말 사태는 묵과할 수 없다. 국회 법사위원장 정청래 의원은 해병대 1사단장에게 "위원장이 그렇게 생각한다는데 어디서 그런 말버릇인가? 토 달지 말고 사과하라. 10분간 복도에 나가 있어라. 반성하고 오라."고 고함쳤다. 박지원 의원은 "한 발 들고 두 손 들고 서 있으라고 하라."고 거들었다. 경찰·검찰도 피의자를 함부로 대할 수 없다. 교사도 감정을 앞세워 아이를 교실 밖으로 내보내면 학부모와 인권위원회가 가만두지 않는다. 최소한의 인권조차 박탈된 채, 군복차림으로 모욕당한 지휘관이 부대를 통솔할 수 있겠는가. 영(令)이 서지 않는다.

청문회는 증언·진술을 듣는 자리다. 검사·판사처럼 죄의 유무를 추궁하고 판결하는 곳이 아니다. 최소한의 예의와 격식은 갖춰야 한다. 특정 군인을 위해서가 아니다. 명예를 중시하는 해병대와 전 군의 사기를 고려해야 한다. 1989년 미 대사관저에 대한 사제 폭탄 투척·불발 사건으로 수감되어 병역이 면제된 정 위원장이 근엄한 표정으로 "사단장이 그렇게 대단한 사람입니까? 제가 보기엔 부끄럽고 비굴한 군인일 뿐이에요."라고 소리치는 현실을 어떻게 이해해야 하는가.

"군문(軍門)에서는 장군의 명을 따를 뿐, 천자의 말을 듣지 않습니다." 중국 한나라 문제(文帝)가 흉노와 전쟁 중인 군을 격려하기 위해 불시에 방문했을 때 군문 앞의 병사에게 들은 말이다. 장수는 "갑옷 입은 군사는 절을 올리지 못합니다. 군인의 예로 뵙겠나이다."라며 뻣뻣이 서서 읍례(揖禮)만 올렸다. 무례하다고 펄펄 뛰는 측근에게 황제는 "진짜 장군이다. 앞서 들른 곳은 아이들 장난 수준이었다."라고 말했다. 군기는 장수의 위엄에서 나온다.

2007년 남북 정상회담 당시 김장수 국방부 장관은 김정일과 꼿꼿하게 선 채 악수를 해서 '꼿꼿 장수'라는 별칭을 얻었다. 김관진 전 국방부 장관은 북한이 히스테리에 가까울 정도로 두려워한 장수다. "민족 반역자 '김관진 놈'을 향해 쏴!"라는 동영상도 있었다. 김 전 장관은 북한이 도발하면 "자동으로 응징한다. 적이 굴복할 때까지"라는 원칙을 표명했다. 2015년 목함지뢰 사건 때 북한이 고사포를 발사하자 즉각 자주포 29발로 응사했다. 북한은 전면전 불사까지 외쳤지만 결국 유감을 표명했다. 사기가 하늘을 찔렀다. 첨단 무기보다 중요한 것이 무형전력이다.

한국갤럽이 지난 3월 22일부터 4월 5일까지 실시한 조사에서 한국인이 가장 존경하는 인물로 이순신 장군이 선정됐다. 2014년과 2019년의 조사에 이어 2024년에도 1위를 기록했다. 이순신 장군은 현 상황에서 뭐라고 조언할까. 자존감을 강조할 것 같다. 이순신 장군은 자존감의 화신이다. 수군이 궤멸했어도 "아직 12척의 전선이 있다. 내가 죽지 않으면 적이 업신여기지 못할 것이다."라며 위축되지 않았다. 자존감이 있으면 외부 세력에 흔들리지 않는다. 군은 당당해야 한다.

북한 김정은은 대한민국을 제1의 적대국으로 지명했다. 핵무기 고도화를 추진하고 있다. 러시아 푸틴과 군사동맹에 버금가는 조약을 맺었다. 오물 풍선 수백 개를 날려 보냈다. GPS 교란으로 우리 선박과 항공기의 안전을 위협했다. 군사분계선 일대에 지뢰를 매설했다. 대전차 장벽을 설치하여 긴장을 고조시키고 있다. 조만간 북방한계선(NLL) 도발을 감행할 수도 있다. 적과 대치하고 있는 엄중한 상황에서 전과 경력의 군 면제자가 제복 입은 군 지휘관을 공개적으로 모욕했다. 군기를 무너뜨렸다. 명예 하나로 버티는 군의 사기를 꺾었다. 국력을 좀먹는 막말이다.

4. 겸손(謙遜)과 운명(運命)   20240618
〈아모르 파티(Amor Fati)! 운명을 사랑하자〉

> 단점을 수긍하고 다른 사람의 장점을 존중하는 태도가 겸손이다. 옆 사람은 경쟁자가 아니다. 격려를 주고받을 대상이다. 내 길은 나만이 걷는 운명 경로다. 자기 운명을 사랑했다면 팔자가 덜 꼬였을 것이다. 아모르 파티(Amor Fati)! 운명을 사랑하자.

"달이 차면 구름이 가리고 꽃이 피면 바람이 망친다(月滿頻値雲 花開風誤之)". 정약용의 시 〈혼자 웃다(獨笑)〉를 읽으며 "좋은 일에는 시샘이 따른다"는 '호사다마(好事多魔)'를 떠올린다. 세상 법칙이다. 사과는 찬 서리를 견뎌야 맛이 든다. 쇠는 불질을 거쳐야 단단해진다. '부질없다'는 불질을 겪지 않은 쇠붙이의 '쓸모없음'을 일컫는 말이다. 사람도 부질없으면 오만해진다. 결국 망가진다.

잘나가던 사람이 왜 고꾸라지는가. 갑자기 운명이 꼬이는 이유는 겸손의 상실에 기인한다. 의욕이 넘쳐서 "이 정도쯤이야."라는 마음으로 상황을 맞이한다. 와중에 발생한 실수를 인정하지 않고 교만하다 척박해진 여건의 적대 세력에게 응징된다. 성장과 쇠락의 역사를 돌이켜볼 필요 없다. 주변 일상이다. 미숙한 이·삼십 대와 치열한 사·오십 대를 지나온 필자의 과거·현재에 그 흔적과 체취가 고스란히 남아있다.

'트바로티'(트롯계 파바로티)로 촉망받던 가수 김호중(33)의 추락이 안타깝다. 순간의 방심으로 저지른 음주운전·뺑소니에 블랙박스 제거와 운전자 바꿔치기가 더해졌다. 과오를 부인하는 거짓말이 이어졌다. 지난달 24일 특정범죄가중처벌법·도로교통법 위반과 범인도피 방조 혐의로 구속됐다. KBS는 '한시적 방송 출연 정지' 처분을 내렸다. 지난 5일에는 팬의 선처 요청에 "사회적·대중적 관심과 우려가 집중된 상황에서 위법 행위가 특히 어린이·청소년의 건전한 인격 형성 및 정서 발달에 미치는 영향 때문에 불가피하다."고 답했다. 어려운 환경에서도 꺾이지 않고 성악가·대중가수 꿈을 이룬 인기스타가 한순간 교만으로 나락에 떨어졌다.

사회적 여파가 심각하다. 김호중 팬 커뮤니티는 항소심에서 징역 2년 실형을 선고받고도 국회의원에 출마·당선되어 '검찰 독재'를 외치는 정치인을 거론했다. 불체포특권 포기 선언을 뒤집고 다수 혐의로 기소되어 재판을 받으면서도 보란 듯이 위세를 떨치는 권력자를 거론했다. 힘없는 가수에게는 엄정하면서 국민을 기망한 중죄 혐의 정치인에게는 왜 그리 관대하냐고 항의했다. "저 사람은 더한데, 왜 가수 김호중만 갖고 그래."라며 따지는 현실에서 모든 국민은 법 앞에 평등하다고 말할 수 있는가. 연예인·정치인 모두 대중의 지지를 기반으로 존재한다. KBS는 부정적 영향을 고려하여 범죄혐의를 주렁주렁 달고 있는 정치인도 카메라에 담지 말아야 한다. 올곧게 사는 국민에게 공영방송의 도리를 다해야 한다.

작금의 사태를 보며 겸손의 철학을 되새긴다. 늘 곁에 두고 지혜를 구하는 주역(周易)을 들추니 15번째 괘상(卦象)이 겸손(謙)을 말한다. 하늘·땅·사람의 도(道)와 더불어 귀신도 가득 찬 것을 이지러뜨려 겸손한 쪽을 채운다고 전한다. 64개 중 가장 길한 괘(卦)다. 수천 년을 이어온 철학서가 겸손의 미덕을 그토록 중시한다. 그만큼 어렵다는 방증이다. 왜 어려운가. 사람의 존재적 한계에서 비롯된다.

자고로 "하늘은 둥글고 땅은 모나다(天圓地方)"고 한다. 완벽한 하늘을 묘사하는 원(圓)은 완전체다. 모가 난 땅의 특성을 갖는 사람은 원만할 수 없다. 모난 부분으로 서로에게 상처를 준다. 특출한 부분의 다른 쪽은 움푹 패어서 결점으로 인식된다. 자신만 그런 것 같아 겉으로 드러내지 못한 채 열등의식에 사로잡힌다. 탁월한 부분을 인정받지 못하여 우울증도 생긴다. 열등의식·우울증은 자신을 받아들이지 못하는 잘난 사람에게 도는 병증이다.

"죽는 날까지 하늘을 우러러 한 점 부끄럼이 없기를 잎새에 이는 바람에도 나는 괴로워했다"로 시작하는 윤동주의 〈서시〉에 아프게 공감한다. 한 점 부끄럼이 없고 싶지만 모나고 패어서 괴롭다. 깨어 있는 감수성 아닌가. 영혼이 살아있다는 증거다. 분석심리학의 창시자 융은 내면적 불균형의 수용을 강조했다. 모나고 패인 단점을 수긍하고 다른 사람의 장점을 존중하는 태도가 겸손 아닌가. 옆 사람은 경쟁자가 아니다. 출발점과 목적지가 다르다. 격려를 주고받을 대상이다. 내 길은 나만이 걷는 운명 경로다. 결함을 인정하고 운명을 사랑했다면 팔자가 덜 꼬였을 텐데 후회스럽다. 만시지탄(晩時之歎)이다. 아모르 파티(Amor Fati)! 운명을 사랑하자.

5. 108 번뇌(煩惱)
〈공공연한 '108'의 의미는?〉

20240517

> 불교에서는 번뇌를 끊어내기 위해 108배를 한다. 골프장 홀컵의 직경은 108mm다. 4·10 총선에서 국민의힘은 108석을 확보했다. 한동훈 비대위원장은 108일 만에 사퇴했다. 공공연한 '108'의 메시지를 음미해야 한다.

필자는 불교 신자가 아니지만 오랜 세월 108배를 해 왔다. 몸을 최대로 수축·확장하는 절 운동은 신체의 근육 확보 및 유연성 강화에 도움이 된다. 부처님 오신 날(5월 15일)에도 108배를 했다. 능력에 비해 과분한 축복을 받아서 타고난 그릇보다 더 큰 삶을 영위한 자신을 절감했다. 108배는 심신을 함께 단련하는 운동이다. 불교에서는 108 번뇌를 끊어내는 수련으로 일컬어진다.

왜 108인가. 5개 감각기관(눈·귀·코·혀·몸)에 생각을 더한 6개 요소가 빛깔·소리·향·맛·감촉·상념 6가지를 과거·현재·미래에 걸쳐 체험하는 경우 수가 108(6×6×3)이다. 번뇌는 무엇인가. 불전(佛典)에서 번뇌는 '먼지'를 뜻하는 '진(塵)'에 비유한다. 사슴(鹿)이 대지(土)를 달려서 일으키는 먼지 같다는 것이다. 좋아 보이면 달리고 듣기 좋으면 돌진하다가 물 한 방울 없는 곳의 먼지 속에서 생을 마감하는 사슴의 모습이 연상된다.

눈·귀·코·혀는 몸의 부분이고 몸은 생각을 따른다. 서로 연관되어 있다. 시간의 단락(과거·현재·미래) 구분도 불가능하다. 108은 생각과 감각이 상호작용하는 번뇌 메커니즘(mechanism)을 반영하는 숫자다. 날뛰는 사슴이 일으키는 먼지가 108개만 되겠는가. 108은 '많음'을 상징하는 숫자인 것 같다. 중국에서는 예로부터 36을 '많다'는 의미로 사용했다. 72는 36의 갑절로서 같은 뜻을 지닌다. 이 둘을 합한 108도 도교에서 '매우 많음'을 뜻한다. 108번뇌는 몸과 마음이 삶의 과정에서 겪는 번민을 총칭하는 것으로 사료된다.

골프장 홀컵의 직경은 108mm(4.25인치)다. 홀 언저리 흙의 무너짐을 방지하기 위해 배수관 토막을 설치한 결과에서 비롯됐다. 골프공 지름(42.67mm)의 2.5배로 손을 넣어 쉽게 공을 꺼낼 수 있다. 1893년 영국의 왕립골프협회가 최적 규격으로 결정했다. 우연치고는 묘하다. 홀컵을 향한 퍼팅(putting) 순간에 온갖 번뇌가 떠오르지 않는가. 생각이 많으면 프로 골퍼도 짧은 거리의 공조차 넣지 못한다. 초보 골퍼인 필자도 힘 빼고 쭉 밀면 먼 거리의 공이 홀컵에 빨려 들어가는 현상을 경험한다. 얽히고설킨 생각이 108번뇌다.

먼지처럼 피어오르는 번뇌를 다스릴 수 있을까. 공학도인 필자는 하나하나 분석·제거하고 싶다. 얼토당토않은 일이다. 산술적 빼기로는 죽을 때까지 용을 써도 안 된다. 곱하기 0(zero)을 하면 어떨까. 아무리 큰 숫자도 0을 곱하면 한순간에 사라진다. 몸을 낮추고 마음을 비우는 108배는 자신을 0으로 만들어 번뇌를 무력화시키는 수행 과정이다. 어설프지만 해롭지 않은 관점 아닌가.

4·10 총선에서 국민의힘은 108석을 확보했다. 지난해 12월 26일 취임해서 전심전력을 다한 한동훈 비대위원장은 총선 패배 책임을 통감하고 108일 만에 사퇴했다. 공공연한 '108'이 우연인가. 국민이 우연으로 포장해서 전해준 필연의 메시지로 여기고 내용을 음미해야 한다. 윤석열 정부는 국민의 심판을 받았다. 오만·불통을 반성하고 국정 기조를 바꿔야 한다. 패자는 말이 없어야 한다. 드러나는 과오를 허물로 인정하고 참회해야 한다.

총선 이후 행태는 어떠했는가. 남 탓만 하며 자중지란에 빠졌다. 영남·수도권과 친윤·친한으로 갈라져 삿대질했다. 대통령에게 화살을 돌렸고 한동훈 위원장의 리더십을 탓했다. 집권당으로서의 절박함과 책임감도 외면했다. 참패 원인 분석 토론회는 선거 후 보름이 지나서야 열렸다. 초선 당선인 간담회에는 절반만 참석했다. 당선인 총회에서는 축하 인사를 나누고 셀카 찍기에 분주했다. 지난 3일 황우여 비상대책위원장이 취임하면서 ""국민이 됐다 하실 때까지 쇄신하겠다"는 포부를 밝혔다. 지난 9일 윤 대통령은 1년9개월 만에 두 번째 기자회견을 했다. 108석을 안겨준 국민에게 희망으로 답할 수 있을지 의심스럽다.

수많은(108가지) 패배 이유를 규명하기 위해 갑론을박할 필요가 있을까. 이리저리 따져보고 계산해 봐야 결론은 뻔하다. 몸을 낮추고 마음을 비워서 국민을 바라봐야 답이 나온다. 국민의힘은 이제 108번뇌 정당이 됐다. 부처님 오신 날에 즈음하여 108번뇌를 끊어낸다는 마음으로 정진해야 한다.

6. 우직한 것이 좋다!(愚直也!)
〈우직한 대장부가 그립다〉

20240415

> 맡겨진 자리는 임시 배역이다. 끝을 보며 일해야 한다. 무대 조명이 꺼지면 무엇이 남을지 생각해야 한다. 숲길의 꽃처럼 제때 펴서 결실을 거둬야 한다. 언덕 모퉁이 꾀꼬리처럼 노래해서 국민을 위로해야 한다. 역할을 다하고 떠나는 우직한 대장부를 보고 싶다.

까치집 근처의 땅은 명당(明堂)이다. 새끼의 안녕(安寧)을 바라는 까치가 바람길을 피하고 지열도 살펴서 최적의 장소에 집을 짓기 때문이다. 알맞은 곳에서 본분을 다하는 까치의 모습이 상서롭다. 각기 적합한 자리를 잡아야 한다(物物各得其所). 삐딱한 보도블록은 사람을 넘어뜨린다. 사람에게도 제 자리가 있다.

공자(孔子)는 《시경(詩經)》 소아(小雅) 〈면만(緜蠻)〉의 시구(詩句) "꾀꼴꾀꼴 저 꾀꼬리 언덕 모퉁이에서 노래하네(緜蠻黃鳥 止于丘隅)"를 인용하며 "꾀꼬리도 머물 곳을 안다. 사람이 새만 못해서 되겠는가"라고 말했다. 숲이 우거진 길모퉁이 새처럼 사람도 머물 곳을 알아야 한다. 그릇에 맞는 자리에 앉아야 한다. 능력에 합당한 일이 없으면 어찌하는가. 맹자(孟子)는 "뜻을 얻으면 국민과 함께 행하고 얻지 못하면 홀로 그 도를 행하는(得志 與民由之 不得志 獨行其道)" 태도를 대장부의 모습으로 지칭했다. 대장부는 자신의 시·공간적 상황을 늘 점검해야 한다. 쉽지 않은 일이다.

　4.10 총선이 막을 내렸다. 기량을 갖춘 인물이 의석을 채웠는가. 마음이 개운치 않다. 1·2심 유죄를 받은 형사 피고인은 창당을 했다. 유죄 및 재판 중 피고인이 가세했다. 선거제도의 틈새로 진입하여 비례대표의원이 되고 누릴 만큼 누리다가 사법 리스크 발동으로 인해 도중 하차하게 되면 후임 순번에게 자리를 물려주면 된다. 국회의원직이 미등기 전매 물건 같다. 전 집권당 대표는 옥중 창당·출마를 했다. 허위 자료 대출이 드러났어도 열심히 하겠다고 목청을 높인 사람도 있다. 성적 막말을 전방위로 쏟아내고도 사과 한 번 하고 막무가내로 버틴 인사도 있다. 보는 국민은 피곤했다. 야당 대표는 대통령의 물가(物價) 인식을 비방하기 위해 대파를 들고 투표장에 간다고 했고 여당 대표는 법카(법인카드)와 초밥과 그리고 여배우 사진을 들먹였다. 꼬일 대로 꼬인 생각의 표출이다. 대장부의 모습인가.

　총선은 범야권(192석)의 압도적 승리로 끝났다. 국민은 불통의 윤석열 정부에 철퇴를 가했다. 오만한 정권을 응징하려는 민심의 쏠림현상이 개인의 도덕적 일탈과 비상식적 우여곡절을 덮었다. 2022년 지방선거 당시 지도를 물들였던 붉은색(국민의힘)이 파란색(민주당)으로 변했다. 극에 이른 민심이 상황을 반전시켰다. 물극필반(物極必反) 아닌가. 민심이 무섭다. 링컨은 "국민 정서를 따르면 성공하고 거스르면 실패한다"고 말했다. 중국 고대 《서경(書經)》에는 "국민이 원하면 하늘이 따른다(民心

之欲 天必從之)"는 말이 나온다. 민심은 천심(天心)이다. 맹자는 "하늘의 뜻을 따르면 살고 어기면 망한다(順天者存 逆天者亡)"고 전했다. "국민 목소리는 신의 목소리(Vox Populi Vox Dei)"라는 라틴 속담도 있다. 여당은 불통의 장벽을 깨고 겸손하게 임해야 한다. 야당은 여당이 싫어서 던져준 표를 성과로 착각해서는 안 된다. 민심의 바다가 격노하면 향후 반전의 반전을 겪게 된다.

하소연 같은 넋두리를 전한다. 대장부 정치인이 안 보인다. 거짓말 안 하고 말 바꾸지 않고 약속은 꼭 지키는 우직한 정치인이 그립다. 자기 몫을 못 챙기고 정파 이익도 안 따지면서 국민에게 보탬이 되는 사안은 반드시 지켜내는 바보스러운 리더가 생각난다. 노무현 전 대통령은 우직한 정치인이었다. 정략적 이익 대신 국익을 택했다. 한미 자유무역 협정을 주도했고 제주 강정마을 해군기지 조성도 추진했다. 정치적 득실의 고려 없이 의료 개혁을 주도하는 윤석열 대통령은 바보의 길을 가는 것인가. 시간을 두고 국민이 판단한다. 바보의 여정은 눈앞의 이익을 위해 얼굴빛을 수시로 바꾸는 헛똑똑이 노선과 다르다. 역사는 공동선을 우직하게 지켜낸 대장부를 기억한다.

역사적 관점의 견해도 피력한다. 맡겨진 자리는 임시 배역이다. 오래 가지 않는다. 끝을 보며 일해야 한다. 무대에서 일찍 내려올 수도 있다. 무대 조명이 꺼지면 무엇이 남을지도 생각해야 한다. 숲길의 꽃처럼 제때 펴서 결실을 거둬야 한다. 언덕 모퉁이 꾀꼬리처럼 노래해서 지친 국민을 위로해야 한다. 자기 역할을 다하고 미련 없이 떠나는 대장부의 우직한 뒷모습을 보고 싶다. 우직한 것이 좋다(愚直也).

7. 총선·의료 전쟁, 관건은 명분이다
〈4.10 총선과 의료분쟁에 관한 소고〉   20240318

> 당장은 목소리 큰 세력이 세상을 주도하는 것처럼 보인다. 궁극적 실상은 그렇지 않다. 역사를 관통하는 불변의 원칙은 "사람의 마음을 얻어야 세상을 움직일 수 있다."는 것이다. 정치권·의료업계는 세상을 지배하는 보편적 원리를 따라야 한다.

4.10 총선을 20여 일 앞둔 여·야의 각축전이 치열하다. 의대 증원에서 비롯된 정부·의료업계의 투쟁이 도를 넘었다. 전쟁과 다름없는 상황이다. 전쟁은 승자독식의 싸움이고 혹독한 뒷감당을 초래한다. 심사숙고해서 벌이고 반드시 이겨야 한다. 전쟁의 기술을 담고 있는 손자병법(孫子兵法)을 펼쳐보니 서두 시계편(始計篇)에서 승리요건으로 도천지장법(道天地將法) 5가지를 강조한다. 첫 번째의 도(道)는 국민이 함께하는(道者令民與上同意也) 명분을 말한다. 총선·의료 전쟁은 같은 시기(天)에 동일한 여건(地)에서 대표급 인물(將)의 주도로 나름의 시스템(法)에 따라 치러지고 있다. 관건은 명분이다. 정치의 주인은 국민이다. 누구나 아플 수 있으니 전 국민이 잠재적 의료고객이다. 국민이 지지하는 명분이 있는가.

총선에 대비한 여·야 공천에 사심만 가득하고 명분이 함께하는 혁신은 보이지 않는다. 민주당 공천의 특징은 '친명횡재'와 '비명

횡사'다. 친이재명계 의원의 약진이 두드러진다. 반발·저항하는 비명계도 떳떳하지 못하다. 지난 2년 동안 이재명 대표는 당을 자신의 사법 리스크 방탄 수단으로 활용했다. 대선 패배 두 달 만에 연고도 없는 곳에 출마했다. 당헌·당규를 고쳐서 대표 경선에 나섰다. 불체포특권 포기 약속도 번복했다. 침묵하며 지켜보다가 왜 이제서야 "나도 속았다."며 분기탱천하는가. 국민의 힘 공천의 키워드는 현역불패다. 96명 중 66명(70%)이 현역 의원이다. 혁신도 잡음도 없는 조용한 공천이다. 민주당 탈당 의원의 합류로 불편한 실상이 덮였다.

범죄혐의자의 국회 진출이 우려된다. 자녀 입시 비리와 청와대 감찰 무마 사건으로 2심에서 징역 2년을 선고받은 조국 전 법무부 장관은 창당을 주도했다. 울산시장 선거 개입 사건으로 1심에서 징역 3년 형을 받은 황운하 의원이 합류했다. 국회가 범죄혐의자의 도피처인가.

전문가·약자를 배려하는 비례대표제가 악용되고 있다. 민주당 위성정당인 더불어민주연합 공천에서 반미·친북 성향의 진보당·새진보연합·연합정치시민회의가 각각 추천한 3·3·4명이 당선권에 배치됐다. 한미훈련반대·유엔사해체를 주장하고 사드 배치를 반대한 인사가 국회의원이 되면 안보와 관련된 민감한 자료를 열람·요구할 수 있다. 국회가 국가전복 세력의 아지트인가.

지지할 명분이 없다. 국민의 각성이 요구된다. 총선 결과는 어떨까. 실망에 젖은 국민을 덜 좌절시키는 쪽이 간신히 이긴다. 확실히 이기려면 사즉필생(死卽必生)의 자세로 국민의 마음을 쫓아야 한다.

 정부·의료업계가 한 달째 대치하고 있다. 의료업계는 의대 2,000명 증원 정책의 원점 재검토를 요구했다. "정부는 의사를 이길 수 없다"고 장담하며 전공의 파업과 사직서 제출에 돌입했다. 경각을 다투는 위급환자는 응급실을 찾아 뺑뺑이를 돌며 절규했다. 전공의·전임의에 이어 의대 교수도 반발에 나섰다. 병원에 남아 환자를 돌보는 전공의를 비난하는 상황도 빚어졌다.

 사회적 약자의 집단행동이 저항이다. 강자로 군림해 온 의사의 단체행동은 폭력이다. 단호히 대처하는 대통령에 대한 지지율이 최고치를 경신하고 있다. 교수직 사퇴와 삭발이 무슨 상관인가. 사퇴해도 의사이고 머리는 다시 자란다. 제때 조치를 못 받으면 사그라지는 환자 목숨은 다시는 돌아올 수 없다. 물고기는 물과 싸우지 않는다. 부아가 치민다고 물 밖으로 뛰쳐나가지 않는다. 환자를 등진 의사는 존재가치가 없다.

 정부는 장기전을 채비하며 행정명령을 발동하고 대형병원에 군의관·공중보건의를 투입했다. 정부도 위기관리 시험대에 놓여 있다. 무리한 요구에 굴복하면 안 되지만 대화는 해야 한다. 물밑 작업에 나서야 한다. 10년 후에 부족한 의사 1만 명을 말하면서 지금 현장을 떠나는 의사·의대생 2만 명을 간과하면 안 된다. 국민 뜻을 헤아려서 의료업계를 설득해야 한다.

 당장은 목소리 큰 세력이 세상을 주도하는 것처럼 보인다. 궁극적 실상은 그렇지 않다. 똑똑한 사람이 이해관계 계산기를 두드려 얻은 결과를 세상은 수용하지 않는다. 역사를 관통하는 불변의 원칙은 "사람의 마음을 얻어야 세상을 움직일 수 있다."는 것이다. 정치권·의료업계는 편협한 내면에서 벗어나 세상을 지배하는 보편적 원리를 따라야 한다. 때늦은 후회의 결과는 참혹하다.

8. 원하는 감동, 원치 않는 감동
〈감동의 메커니즘과 현실〉   20240216

> 국회의원 불체포특권을 내려놓자고 한다. 금고 이상 혐의가 확정된 의원은 세비를 반납하자고 한다. 의원 수를 줄이고 세비는 낮추자고 한다. 실현되면 감동이다. 경북 문경 육가공 공장 화재 현장에서 소방관 2명이 숨졌다. 폐부를 찌르는 아픔이 엄습한다. 원치 않는 감동이다.

클래식 음악에 문외한인 필자도 쇼팽(Chopin)의 피아노곡 녹턴(Op.9:No.2) 연주에는 감동한다. 건반 사이의 여백을 느리게 오가는 소리가 이어져 풍성하게 들린다. 피아노가 노래하는 듯하다. 소리가 뚝뚝 끊어지는 건반악기의 한계가 사라진다. 왜 그런가. 게슈탈트 심리학(gestalt psychology)의 '완결성 원리'에서 이해의 단서를 찾는다. 음을 인지적으로 편집하여 연결해서 들은 것이다. 소리의 빈틈을 감정이 채운 결과다. 연주자의 자유로운 해석이 감동을 극대화한다. 장르(genre)가 무슨 상관인가. 내가 감동하면 명곡이다. 어색해 보이는 인상주의 그림에서 예술가의 감정을 느낀다. 현대 추상화의 선구자 칸딘스키(Kandinsky)는 그림을 외부 대상의 재현으로 보지 않는다. 예술가의 감정 표현으로 본다. 감정은 감동을 불러온다. 비싸고 유명한 그림이 명화인가. 내게 감동을 주면 명화다. 감동 없는 삶은 척박하다.

양대 TV 방송의 '트롯경연'에서 감동을 얻는다. 공감의 줄을 잡고 심리적 줄다리기를 한다. 실력과 열정을 갖춘 신선한 인물의 경쟁은 원석이 아름다운 결정체로 거듭나는 과정과 같다. 새로운 영역에 도전하여 전력을 다하고도 더 나은 모습을 보이지 못한 자신을 채근하며 눈물을 글썽인다. 전략공천으로 경쟁을 회피하고 험지출마를 피해 꽃길만 가려는 '그 나물에 그 밥' 정치인과 사뭇 다르다. 탁월한 기량에 박수를 보내고 실수에는 안타까운 격려를 전한다. 피아 구분이 안 되는 상대와 최선을 다해 경합하고 결과에 승복한다. 서로를 비방하며 뻔한 주장을 궁색한 논리로 정당화하는 정치권과 대비된다. 엄정한 평가시스템을 갖췄다. 다양한 배경을 갖춘 인물이 참여하여 투명하게 심사한다. 국민평가단 평가와 대국민 여론 점수를 반영하여 객관성·흥행성을 높인다. 민심을 거스르며 이익의 계산기를 두드리는 정치판과 비교된다. '트롯경연 모델'을 적용하는 정당은 금년 총선에서 대승을 거둘 것이다.

고객이 실망하면 기업은 죽는다. 만족하면 간신히 살아남는다. 감동해야 번영·발전한다. 정치인은 고객(국민)을 좌절시키고도 당당하다. 온갖 혜택을 누리고 특권을 행사한다.

이재명 민주당 대표는 지난 5일 비례대표 배분 관련 준연동제를 표방했다. 2022년 대선 당시 한 준연동형 비례대표제 공약을 어겼다. 불체포 특권 포기 약속도 번복하지 않았는가. 법원은 지난 1일 민주당 전당대회 돈봉투 사건에 연루된 윤관석 의원에게 실형을 선고했다. 그래도 세비 수령의 혜택이 유지된다. 돈을 조성한 사람에게 실형이 선고됐는데 받은 사람은 국회에서 입법권을 행사한다. 총선 출마로 정치생명 연장을 도모한다. 지난 8일 조국 전 법무부 장관은 자녀입시 비리와 감찰 무마 혐의로 2심 법정에서도 실형을 선고받았다. 그래도 항변하며 국민 앞에서 오기를 부린다.

경제·민생은 외면하고 국고를 탕진하는 정치인투성이다. 지난 1일 중대재해처벌법 2년 유예 협의가 결렬됐다. 종업원 5인 이상의 음식점·빵집·카페 등 83만 영세업체 대표도 교도소 담장 위를 걷게 됐다. 방산업체 수출 확대를 위해 자본금 한도를 상향 조정하는 수출입은행법개정안은 6개월째 국회 문턱을 못 넘고 있다. 대형마트의 새벽 배송을 허용하는 유통산업발전법개정안도 표류하고 있다. 쌀을 비롯한 주요 농산물의 초과 생산량을 정부가 매입하도록 하는 양곡관리법개정안은 농림축산식품해양수산위원회에서 야당이 단독으로 처리했다. 지난해 56조 4,000억 원의 '세수펑크'가 났다. 나라 빚이 1,100조 원을 넘었다. 그래도 지난달 25일 '대구~광주 달빛철도건설' 특별법을 통과시켰다. '동남권순환광역철도' 사업 등의 예타 면제 법안이 줄줄이 심사대기 상태다.

한동훈 국민의힘 비대위원장이 불체포특권을 내려놓자고 한다. 금고 이상 혐의가 확정된 의원은 세비를 반납하게 하자고 한다. 국회의원 수를 줄이고 세비는 국민 중위소득으로 낮추자고 한다. 국민이 바라는 사항이다. 실현되면 국민은 만족할 것이다. 지속적 자정이 더해지면 감동할 것이다. 간절히 원하는 감동이다.

지난달 31일 경북 문경 육가공 공장 화재 현장에 뛰어든 소방관 2명이 돌아오지 못했다. 공장에 남은 직원들이 있을 수 있다는 말에 불길 속으로 뛰어들었다가 결국 돌아오지 못한 김수광 소방장(27)과 박수훈 소방교(35)다. 유가족과 동료가 받았을 충격을 생각하면 가슴이 미어터진다. 사람이 가고 없는데 1계급 특진과 보국훈장이 무슨 소용이 있는가. 먹먹한 그리움과 폐부를 찌르는 아픔이 엄습한다. 원치 않는 감동이다. 소방관 10명 중 4명 이상이 외상후스트레스장애(PTSD)나 우울 등 심리질환을 겪는다고 한다. 소방관 20명 가운데 1명은 '자살위험군'에 속한다고 한다. 소방청과 분당서울대병원이 지난해 소방공무원 5만 2천802명을 대상으로 조사한 결과다. 이번에도 소방관의 헌신을 치켜세우다가 시간이 지나면 또 까맣게 잊고 정쟁에 몰두할 것인가.

9. 운명의 법칙
〈갑진년(甲辰年) 원단(元旦)의 소고〉

20240115

> 천시·지리·인화가 어우러져서 계산·측정이 불가능한 개인·사회·국가의 운명은 어떻게 예견할 수 있는가. 현재 진행되는 일의 내용과 정도로 가늠할 수 있다. 지금 하는 일에 대칭적으로 상응하는 결과가 운명으로 다가온다. 운명의 법칙은 바로 대칭과 균형이다.

운명은 미래일정(future schedule)을 일컫는 말이다. 운명은 어떻게 다가오는가. 내가 속해 있는 문제영역이 상황이다. 상황에 영향을 미치는 통제 불능의 외부 여건이 환경이다. 상황·환경이 시간의 흐름을 따라 미래로 질주하면서 운명을 맞이한다. 우리는 시간의 레일(rail) 위를 달리는 '공간(space)'이라는 열차에 타고 있다. 방향이 잘못됐다면 갑진(甲辰) 역(驛)에서 갈아타야 한다. 조직·국가의 양상도 같은 맥락으로 설명할 수 있다. 중국의 시인 이백(李白)은 "천지(공간)는 만물이 묵고 가는 여관(夫天地者 萬物之逆旅)이고 광음자(시간)는 긴 세월을 지나는 길손(光陰者 百代之過客)"이라고 말했다. 시·공간적 상황을 한 줄의 시구(詩句)로 표현한 시성(詩聖)의 통찰력이 놀랍다.

과거에서 흘러온 현재가 미래로 이동하는가. 미래에 대한 막연하고도 안일한 관점이다. 미래가 몰려와 현재가 되고 현재는 다시 과거로 사라지는 것이다. 어떤 미래가 엄습할지 모르니 '대안의 미래(alternative future)'에 관한 시나리오(scenario)가 필요하다. 이러한 상황에서 직면하는 시간적 변화가 '천시(天時)'이고 공간적 상황이 '지리(地利)'다. 요구되는 인간적 노력이 인화(人和)다. 리더는 시대변화와 현재 상황의 조화·균형을 추구하면서 국민적 화합을 실현하는 사람이다. 선현(先賢)이 천지인(天地人) 삼재(三才)를 강조한 이유다.

미래를 알 수 있는가. 양자역학에서는 전자의 위치·속도를 동시에 파악할 수 없어서 미래는 확정될 수 없다는 것이 정설이다. 거시세계에서는 미래를 확률로 나타낼 수 있다. 서울 남산이 내년에도 있을 확률은 거의 100%다. 기후변화도 상당히 정확하게 예측할 수 있다. 천시·지리·인화가 어우러져 계산·측정이 불가능한 개인·사회·국가의 운명은 어떻게 예견할 수 있는가. 현재 진행되는 일의 내용과 정도로 가늠할 수 있다. 지금 하는 일에 상응하는 대칭적 결과가 운명으로 다가온다. 운명의 법칙은 바로 대칭과 균형이다.

영국의 물리학자 뉴턴(Newton)은 발견한 작용·반작용 법칙으로 대칭·균형을 설명한다. 땅을 밀면 땅도 나를 밀어줘서 걸을 수 있다. 로켓이 허공에 힘을 분사하면 허공도 로켓을 밀어준다. 같은 원리가 운명도 주도한다. 다만 반작용 현상이 즉시 나타나지 않을 뿐이다. 결국 죗값은 받고 빚은 청산해야 한다. 살아서 지은 죄는 죽어서라도 갚아야 한다. 불교에서는 전세(前世)의 소행에 따른 현세(現世)의 응보(應報)를

'업(業)'이라고 말한다. 지금이 광속(光速)으로 일하는 시대라서 그런지 작용·반작용 사이의 시간 길이(time span)가 무척 짧아진 것 같다.

공자도 천명이 두렵다고 했다(畏天命). 천명이 곧 운명이다. 작용·반작용은 권선징악적 교훈이 아니다. 한 치의 오차도 허용하지 않는 물리학의 법칙이다. 모든 일을 운명과 결부시켜야 할 것 같다. 친절했는가. 밥값은 먼저 냈는가. 괜히 남을 미워했는가. 비겁했는가. 잘난체했는가. 다른 사람의 호의를 당연히 여겼는가. 쓰레기를 함부로 버렸는가. 모두 배신을 불러들이는 징후다. 어떤 정치인이 있다. 내용 없는 말을 길게 하고 언어도 천박하다. 자기선전 일색이다. 약속도 안 지킨다. 때와 장소를 안 가리고 사익 추구에 여념이 없다. 한순간에 삶의 모든 것을 잃을 징조다. 아직 멀쩡하다고 방심하면 큰일이다. 때가 안 된 것이다. 빨리 되받는 것은 그나마 축복이다. 만기가 되면 이자까지 함께 받는다.

교수신문은 작년을 대표하는 사자성어로 "이익 앞에서 의리를 잊는다"는 뜻의 '견리망의(見利忘義)'를 선정했다. 지난해 서민은 고금리·고물가로 인한 생활고에 허덕였다. 자영업자는 소비침체로 빚만 쌓였다. 기업은 내수 부진 때문에 유례없는 경영난을 겪었다. 머리 위에 적의 정찰위성이 날아다녔다. 핵탄두 탑재가 가능한 장거리 미사일이 공해로 떨어졌다. 이런 와중에도 정치권은 세밑까지 민심을 잊고 정략적 이익을 쟁탈하기 위해 견리망의의 굿판을 벌였다.

견리망의에 대한 관성마저 생겼다. 질량(m)이 커지고 가속도(a)도

붙었다. 질량·가속도에 비례하여 작용력(F=ma)이 더 세졌다. 국민과 함께 힘의 방향을 바로 잡는 것이 혁신이다. 값진 갑진년을 위해 금년 총선에서는 혁신을 거부하는 세력에게 견리망의에 걸맞은 반작용을 돌려주자. 견리망의를 국가가 흡수하면 그 반작용은 어김없이 국민의 운명이 된다.

10. 난극당치(亂極當治)
⟨'막판' 정치에서 희망을⟩

20231214

> '막판' 정치를 뒤엎는 난극당치의 동력은 민심이다. 일그러진 위기 상황을 제 자리로 돌려놓는 주체는 언제나 국민이다. 봄기운은 겨울 한복판 동지(冬至)에 싹터서 이듬해 입춘(立春)에 퍼진다. 한겨울 정치판에서 내년 봄의 희망을 노래한다.

'막판'으로 치닫는 정치에서 희망을 읽는다. 극에 이르면 필히 반전한다는 '물극필반(物極必反)'에서 비롯된 관점이다. 정치 상황에 적용하면 '난극당치(亂極當治)'가 된다. 혼란이 극에 이르면 새로운 질서가 생긴다는 뜻이다. 역사는 난극당치의 반복이다. 단기적 변화도 마찬가지다. 관건은 혼란이 극에 달했느냐 여부다. 갈 데까지 간 실상을 살펴본다.

첫째, 정치세력의 국민 경시 가치관이 심각하다. 지난달 17일 민주당의 청년층 대상 홍보 현수막에 "정치는 모르겠고, 나는 잘살고 싶어", "경제는 모르지만 돈은 많고 싶어!" 등의 문구가 적혔다. 청년을 공동체와 담쌓고 경제개념 없이 돈만 밝히는 존재로 낙인찍었다. 지난달 21일 허영 민주당 의원은 준연동형제 비례대표 의석수 계산 방식에 대해 "국민은 알 필요 없다. 국민이 산식 알고 투표하냐?"라고 말했다. 유권자가 표를 내뱉는 자판기인가. 지난달 9일 송영길 전 민주당 대표는 한동훈 법무 장관을 '어린놈'으로 언급했다. 나이로라도 제압하겠다는 절박함이 배인 '꼰대' 행태다. 지난달 30일에는 천주교정의구현사제단 함세웅 신부가 추미애 전 법무 장관을 치켜세우며 "방울 달린 남자들이 여성 하나보다 못하다"며 문재인 전 대통령과 이낙연 전 국무총리 등을 비하했다. 종교인의 천박한 말에서 친민주당 인사의 남성 우월 의식과 오만함이 드러난다. 말의 근간은 생각이다. 국민이 감내할 만한 수준인가.

둘째, 정치인의 막말이 국민 정서를 황폐화시킨다. 지난달 19일 최강욱 전 민주당 의원은 윤석열 정부를 빗대어 "암컷들이 나와 설친다"고 조롱했다. 동석한 의원은 박장대소했고 여성 의원도 동조했다고 한다. 비판여론에 대해 "이게 민주주의야, 멍청아(It's Democracy, stupid!)"라고 대응했다. 당원권 6개월 정지 징계에 "내가 그렇게 빌런(villain)인가?"라는 말로 반문했다. 여성 강성 지지층에 기댄 채 여성을 비하하는 모순적 행태에서 민주당의 자기 통제력 상실을 직감한다.

셋째, 정치판은 여지없이 막장을 향하고 있다. 지난 1일 이동관 방송통신위원장 사퇴로 민주당 탄핵안은 자동 폐기됐다. 당시 민주당은 사표를 거부하라고 요구했다. 물러나라고 탄핵하면서 그만두지 못하게 하려는 태도가 황당하다. 정략적 의도가 보인다. 이재명 대표의 수사 검사만 다수 의석으로 탄핵했다. 피의자가 자신을 수사하는 검사의 업무를 중단시킨 것이다. 지난달 28일에는 방송통신위원장 탄핵안의 근거로 '검찰청법 규정'을 넣었다. 동시 추진한 검사 탄핵안 문구를 복사해 붙이면서 빚어진 촌극이다. 컨닝(cunning)하면서 이름까지 베껴 쓴 것과 다름없다.

윤 대통령은 민주당이 일방 처리한 방송3법과 노란봉투법에 대해 거부권을 행사했다. 지지층 결집을 노린 정치적 계산에서 비롯된 법안이니 예견된 결과였지만 협상·설득 없는 불통·독선의 정치라는 비판에 자유롭지 못하다. 그 와중에 657조 원 규모의 내년 예산안 처리는 헌법상 시한(2일)을 넘겼다. 민생경제법안은 쌓여 있고 경제 상황은 엄중하다. 내년 성장률 전망치가 하향 조정됐고 물가 압박은 더 심해졌다. 그래도 선거가 닥치면 또다시 안면몰수하고 표를 구하는 여야 정치인을 보게 될 것이다. 용납할 수 있겠는가.

집권 여당은 기득권에 사로잡혀 있다. 지난 6일 김기현 대표는 인요한 혁신위원장과 회동하면서 험지 출마 등의 희생 요구안 수렴에 소극적이었다. 결국 지난 7일 혁신위는 42일 만에 막을 내렸다. 노른자위는 기득권 인사가 독차지하면서 험지 출마자를 찾는 외연 확장이 가능하겠는가. 선당후사(先黨後私) 정신의 부재다. 외과적 수술이 시급한 대목이다.

'막판' 정치를 뒤엎는 난극당치의 동력은 민심이다. 그릇된 가치관과 막말로 국민의 마음·영혼에 생채기를 낸 정치인은 심판을 받는다. 혈세를 축내며 자기 안위에 노심초사하고 당리당략에 사로잡힌 정치세력도 초토화된다. 위기 때마다 분연히 일어나 일그러진 상황을 제자리로 돌려놓은 주체는 언제나 국민이었다. 봄기운은 겨울 한복판 동지(冬至)에 싹터서 이듬해 입춘(立春)에 퍼진다. 내년 봄의 민심은 정치판을 어떻게 재편할까. 한겨울 막판 정치에서 봄의 희망을 노래한다.

11. 주역으로 본 정치 현실
〈비룡재천(飛龍在天) vs. 항룡유회(亢龍有悔)〉

20231114

> 지도자는 항룡유회를 경계하며 비룡재천을 추구해야 한다. 스스로 대인이 되어 대인과 소통해야 한다. 문 앞의 개가 사나우면 좋은 술도 안 팔린다. 측근이 사나운 개처럼 행동하면 지도자는 곤경에 빠진다. 소통 단절이 초래한 과거 사례를 성찰해야 한다.

주역(周易)의 첫 번째 괘상 중천건(重天乾)으로 정치세력을 6단계로 구분·조망할 수 있다. 중천건(䷀)은 태극기의 좌측 상단에서 하늘(天)을 표상하는 건(乾:☰)이 거듭(重)된 모습이다. '효(爻)'로 일컫는 6개의 선(☰)은 아래부터 1~6 효가 된다. 각 효를 용(龍)과 군자(君子)에 비유해서 상황을 묘사한다.

1효는 물밑에서 성장하는 잠룡(潛龍)이고 2효는 모습을 드러낸 현룡(見龍)이다. 3효는 정진하는 군자(君子)이고 4효는 도약을 시도하는 약룡(躍龍)이다. 5효는 높이 나는 비룡(飛龍)이다. 용이 하늘에 있어서 비룡재천(飛龍在天)이다. 대업을 실현하는 지도자를 표현한다. 6효는 분수를 지나쳐서 높이 오른 항룡(亢龍)이다. 높이 올라간 용이 후회한다고 해서 항룡유회(亢龍有悔)다. 실패한 지도자의 말로를 뜻한다.

비룡(5효)이 항룡(6효) 처지가 안 되려면 2효의 적극적 보필이 필요하다. 5효와 2효는 서로가 서로의 대인(大人)이다. 주역은 비룡과 현룡 모두 "대인을 만나야 이롭다(利見大人)"고 전한다. 문제는 5효(지도자)와 2효(대인) 사이의 3·4효가 본분을 망각할 수 있다는 것이다. 그러면 3효는 소통을 저해하는 기득권 세력이 되고 4효는 지도자의 눈을 가리는 측근으로 변한다. 지도자에게 주역은 무엇을 말해주는가.

　첫째, 대인(大人)이 되라고 한다. UAE·카타르에서 107조 원의 세일즈 외교를 마치고 돌아온 윤석열 대통령을 기다린 것은 33%(한국갤럽, 10월 24~26일, 부정평가 58%)에 불과한 지지율이었다. 독단적(9%)·소통미흡(6%)·전반적(5%)·인사(4%)·협치부족(4%)이 주요 원인이다. 더 커져서 통합·상생해야 한다. 지난 31일 국회 예산안 시정연설에서 희망이 보였다. 본회의장은 만석이었고 고성도 없었다. 시정연설에 앞서 이재명 민주당 대표를 만났다. 부탁과 협조의 말로 초당적 협력을 요청했다. 경제·민생을 키워드로 정했고 여야 상임위원장과 오찬을 했다.

　민주당 이재명 대표는 사법 리스크 앞에서 떳떳해져야 한다. 국민 앞에서 공언한 불체포특권 포기를 번복했다. 대장동·백현동 사업의 특혜 의혹 관련 허위 사실 공표 혐의로 지난해 9월 기소된 이후 1년 이상 갖가지 이유를 들어 재판을 기피하고 있다. 법 앞에 평등한 국민 앞에서 특권의식을 보이는 당대표는 대인이 아니다.

　둘째, 대인과 소통하라고 한다. 강서구청장 선거 패배 이후 대인 역할을 하지 못한 국민의힘은 인요한 위원장 체제의 혁신위원회를 출범시켰다. 혁신위는 당지도부·중진·친윤인사의 불출마 또는 수도권 험지 도전을 제안했다. 의원 수 10% 감축과 불체포특권 포기 그리고 세비 감축도 권고했다. 정치쇄신을 위해 필요한 과제들이다. 선당후사를 외치면서도 입장에 따라 이런저런 명분으로 혁신을 기피하는 세력의 저항과 야당의 반대를 민심으로 극복해야 한다. 민주당은 지난 1일 총선기획단을 발족했지만 집안싸움이 여전하다. 대인이 안 보인다. 강서 구청장 선거 승리로 '쇄신 면죄부'를 받았다고 생각하는가. 선거 결과는 여권에 대한 경고이지 민주당에게 준 포상이 아니다. 민주당은 오히려 의원 수를 늘리자고 했고 불체포특권 포기도 거부했다. 내년 총선에서 '단독 200석'을 장담했다. 오만하다. 머리를 드는 골퍼는 OB를 내고 고개를 세우는 정치인은 선거에서 패배한다.

셋째, 측근을 경계하라고 한다. 대통령이 낮은 자세로 국민과 소통하겠다고 했으니 당연히 측근은 솔선수범·희생해야 한다. 오히려 선거 패배 책임을 지고 물러난 친윤 인사가 요직으로 복귀했다. 민주당에서는 공천에 목맨 의원들이 당대표를 에워싸고 있다. 총알이 있다면 매국노(비명계)를 처단하겠다면서 지역구 사무실에서 난동을 부리는 강성 지지자의 눈치를 살폈다. 한비자(韓非子)에 구맹주산(狗猛酒酸), "개가 사나우면 술이 시어빠진다"는 말이 있다. 문 앞의 개가 사나우면 좋은 술도 안 팔린다. 측근이 사나운 개처럼 행동하면 지도자는 반드시 곤경에 빠진다.

지도자는 항룡유회를 경계하며 비룡재천을 추구해야 한다. 스스로 대인이 되어 대인과 소통해야 한다. 측근이 사나운 개처럼 되지 않도록 잘 관리해야 한다. 사나운 개를 방관하거나 키우면 큰일이다. 소통 단절이 초래한 과거 사례를 성찰해야 한다.

12. 불통의 양극화 증후군!
〈우리 정치의 고질적 병폐〉

20231016

'감정정체'가 소통장애의 원인이다. 러시아워에 꽉 막힌 도로처럼 정체된 감정이 심리장벽을 형성하면 논리의 소통경로인 '정서'라는 채널(channel)이 막힌다. 중도적 정서 채널 구축이 급선무다. 불통의 양극화 증후군! 반드시 타파해야 한다.

"나는 나밖에 모르고, 너는 너밖에 모르고… 끝없는 평행선 걷고 있네." '평행선'이라는 노래의 가사가 우리 정치의 양극화 현실을 일깨운다. 여야 정치인은 억지 논리로 자기 입장을 정당화하면서 상대방의 실책을 부풀린다. 상대가 잘하면 더 미워한다. 그 공통적 양상이 가히 병적인 수준이다. '증후군(syndrome)' 현상과 다르지 않다.

지난 6월 정부·여당은 후쿠시마 원전 오염 처리수를 마실 수 있다고 말했다. '먹방' 퍼포먼스까지 했다. 7월 10일 야당 의원(11명)은 일본의 참의원 회관과 총리 관저 앞에서 오염 처리수 방류 반대 집회를 벌였다. 1차 방류가 이루어진 8월 24일 문재인 전 대통령은 반대한다며 정부 대응이 잘못됐다고 비난했다. 문 정부도 일본의 주권적 결정 사항인 만큼 IAEA 기준을 따르면 반대하지 않겠다는 입장을 표명하지 않았는가. 근거 없는 주장과 반대를 위한 반대가 국론분열·국격훼손을 초래했다. 추석 연휴 기간 동안 수산물 시장에 활기만 가득했다.

지난 7월 서울~양평 고속도로 종점(양서면)을 윤 대통령 부인 김건희 여사 일가가 소유한 땅의 근처(강상면)로 변경하는 정부안이 발표됐다. 민주당은 국정농단으로 규정했고 원희룡 국토부 장관은 사업백지화로 맞섰다. 국민의힘은 인근 토지를 보유한 민주당 인사를 거론하며 '민주당 게이트'로 명명했다. 고속도로는 국민의 길이다. 여야 대립으로 국민은 길을 잃었다.

지난 8월 개최된 세계 잼버리 대회가 파국을 맞았다. 국민의힘은 대회 유치 확정(2017년 8월) 이후 전 정부가 새만금지역의 부지매립과 배수·편의시설 확보를 이행하지 않았다고 주장했다. 민주당은 현 정부 탓이라며 대통령사과·총리사퇴·국정조사를 요구했다. 문재인 전 대통령도 "사람의 준비가 부족하니 하늘도 돕지 않았다며 부끄러움은 국민의 몫이다"라는 말로 거들었다. 국민 몫은 정부와 정치의 태만과 무능함을 심판하는 일이다. 국민이 나서지 않았다면 어찌 되었겠는가.

민주당 이재명 대표는 불체포특권 포기 약속을 깨고 자신의 체포 동의안에 대한 국회 부결을 호소했다. 9월 21일 비밀투표로 통과된 체포동의안을 놓고 강성지지자는 분노했고 친명계 의원은 배신자 색출을 천명했다. 약속은 어기기 위해서 하는가. 나부터 살고 보자는 행태와 공천에 목매인 의원의 동조만 난무했다.

9월 27일 구속영장이 기각됐다. 민주당은 윤 대통령 사과와 한동훈 법무부 장관 파면을 요구했다. 일부 혐의가 소명됐고 의심스러운 부분도 있지만 당대표 지위 때문에 구속수사를 면한 것이다. 유권불구속(有權不拘束)이다. 무죄 확정으로 포장해서는 안 된다. 정치리더는 일반 국민보다 훨씬 더 엄격한 윤리기준을 따라야 한다. 국회 가결로 구속영장 심사를 받는 것 자체가 치욕스러운 것이다.

10월 6일 이균용 대법원장 후보자의 임명동의안이 민주당의 부결로 국회 문턱을 넘지 못했다. 초유의 사법부 수장 공백으로 국가기능 장애가 초래됐다. 의석수를 앞세운 민주당 공세로 인한 대치 정국이 예견된다. 국민의힘은 무엇을 했는가. 이재명 대표 사법 리스크와 민주당 실책에 따른 반사이익 챙기기에 급급했다. 국정운영을 주도하지 못하고 전 정부와 민주당 책임을 들먹이다가 중도층의 지지를 상실했다.

불통의 양극화 증후군이 횡행하고 있다. 동독 심리학자 '한스요하임 마츠(Hans-Joachim Maaz, 1943~)'는 '감정정체'를 소통장애의 원인으로 적시했다. 러시아워에 꽉 막힌 도로처럼 정체된 감정이 심리 장벽을 형성하면 논리의 소통경로인 '정서(情緖)'라는 채널(channel)이 막힌다고 한다. 중도적 정서 채널의 구축이 급선무다.

영국 철학자 베이컨(Francis Bacon, 1561~1626)은 거미처럼 자기 속을 풀어 이념적 주장만 반복하거나 개미같이 자신만 챙기는 사람이 많지만 정작 필요한 존재는 여기저기서 수집한 재료로 실용적 결과를 창출하는 꿀벌 같은 중용적 인물이라고 말했다. 거미·개미 습성을 가진 말벌이 정치생태계를 파괴하고 있다. 정치판은 자정능력을 상실했다.

국민이 나서야 한다. 내년 4월 10일 총선이 말벌퇴치 기회다. 무관심은 금물이다. 그리스 철학자 플라톤(Platon)은 "정치를 외면한 대가는 저질스러운 자의 지배를 받는 것"이라고 피력했다. 꿀벌의 미덕을 갖춘 소통 지향적 정치세력을 키워내야 한다. 불통의 양극화 증후군! 반드시 타파해야 한다.

13. 무량판 구조냐 시스템이냐
〈문제의 본질 규명이 우선이다〉

20230911

> 업무의 연결고리가 느슨하고 업무 접점의 책임주체가 모호하다. 감리의 독립성이 부족하다. 기능인력 수급에 빨간 불이 들어왔다. 부족한 공사비와 무리한 공기단축이 반복된다. 시스템 혁신 없이 기술인만 처벌하는 한풀이는 같은 사고를 또 불러온다.

지난 4월 29일 LH가 발주한 검단 신도시 아파트의 지하 주차장 무량판 구조가 붕괴됐다. 건설기술인으로 살아온 필자도 반복적 사고 앞에서 늘 죄인의 심정이다. 타 지역 LH 아파트 102개소의 전수조사에서 20곳의 철근 누락이 추가 확인됐다. 정부는 무량판 구조와 LH 전관 카르텔을 문제로 규정하고 조사 수사에 나섰다.

무량판 구조는 죄가 없다. 보가 없어서 넓은 공간 확보와 공사비절감·공기단축이 가능하여 미국과 유럽에서도 보편화된 공법이다. 1km가 넘는 극초고층 빌딩이 될 사우디아라비아 '제다타워(Jeddah Tower)'도 무량판 공법을 채택했다. 사고는 기둥이 슬래브(slab)를 관통하는 '뚫림전단(punching shear)'에 저항하는 전단보강 철근의 누락과 콘크리트의 강도 부족에서 비롯됐다.

LH 전관 카르텔이 사고의 주범인가. 공정경쟁을 저해하고 수주생태계를 오염시키는 카르텔은 척결 대상이지만 붕괴의 직접 원인이 아니다. LH는 전관 업체와 체결한 계약을 해지했다. 심사가 끝난 용역 계약도 중단했다. 법적 문제가 있지만 부조리 척결의 의지표명이라고 한다. 막가파식 행정의 뒷감당이 우려된다.

　공자(孔子)는 논어(論語)에서 "내가 아는 게 있는가, 아는 게 없다(吾有知乎哉 無知也). 아는 게 없지만 내게 물으면 양 끝을 두드려 보고 성심껏 답한다(有鄙夫問於我 空空如也 我叩其兩端而竭焉)"라고 말했다. 양 끝을 두드려서 모든 문제가 드러나게 하라는 것이다. 관련 요소의 상관관계를 규명하여 문제를 종합적으로 해결하는 시스템적 접근과 그 맥락을 같이한다.

　설계·감리업체 선정 심사위원 일부가 자신의 양심에 공권력을 실어준 국가의 뜻을 저버린다고 한다. 사전접촉을 제한하기 위해 심사위원의 수를 늘리면 영업 임원은 더 바쁘게 된다고 한다. 전문성보다 카르텔 구축과 인맥 관리가 더 중요한 이유다.

　설계업체는 구조설계 전문 회사에게 철근배근 기본도면 작성을 의뢰한다. 공장 가공된 철근의 현장조립은 시공사가 점검하고 감리자가 확인한다. 금번 상황에서 무량판 구조 일부 철근의 도면 표기 누락을 시공사 감리자가 찾아내지 못했다고 한다. 설계·구조·시공·감리에 대한 업무 접점의 연결고리가 단절되어 생긴 문제의 책임소재는 어디인가.

무량판 구조의 철근조립은 정교한 손길을 요구하는 반면, 실제 작업은 숙련도가 떨어지고 언어소통이 부자연스러운 외국인 노동자가 수행하곤 한다. 코로나19 때문에 숙달된 인력이 못 오고 기존 기능인은 비자 만료로 한국을 떠나면서 기능인력의 수급에 차질이 빚어졌다.

부실 차단의 최후 보루인 감리 문제도 간과할 수 없다. 설계감리와 시공감리의 직렬연결을 사업관리(CM:Construction Management)로 칭하며 CM의 글로벌(global) 의미를 퇴색시키고 있다. CM은 기획·계획·설계·시공 과정의 분절업무에 대한 통합관리 시스템을 구축하고 강력한 컨트롤 타워(control tower)를 운용하는 방식이다. 현실은 어떤가. "할 일 없으니 이거나 하자"며 사업관리에 뛰어드는 인력의 고령화 자질부족 현상이 심각하다. 그나마 감리자는 시공사에게 재시공이나 공사중지를 요구할 수 있는 독립성을 결여하고 있다. 턴키사업 등을 주도하는 시공사에 대해서 열세에 있는 설계업체가 감리를 수주하는 경우도 적지 않기 때문이다. 올바른 CM 체계 정립과 사업관리 역량 구축이 시급하다.

최근 시공사는 수주를 기피한다. 자재비급등과 금리 인상으로 자금부족의 고통을 겪는 현실에서 정부는 시장 조사된 가격을 관행적으로 삭감하여 입찰에 붙인다. 공사비 부족에 직면한 시공사는 공기단축으로 적자를 보전하기 위해 장마 중에도 콘크리트를 타설하는가 하면 원가절감을 위해 상당수 인력을 계약직으로 채용한다. 현장소장은 빨리 싸게 공사를 진행한다. 철근 누락과 콘크리트 강도 저하의 요인이 된다. 구조 개혁이 시급하다.

무량판 구조의 결함이 아니라 시스템 문제다. 업체 선정 과정의 부패 구조가 만연하다. 분절 업무의 연결고리가 느슨하고 업무 접점의 책임 주체가 모호하다. CM이 오·남용되고 감리의 독립성이 부족하며 감리자 능력도 저급하다. 기능인력 수급에 빨간 불이 들어왔다. 부족한 공사비와 무리한 공기 단축의 고질적 악순환이 반복된다. 시스템의 혁신 없이 기술인만 처벌하는 한풀이는 같은 사고를 또 불러온다. 지금까지 그래 왔다. 반복적 건망증을 타파하자.

14. 점(占)의 미학(美學)
〈무속·관상·풍수지리 프레임의 실체 탐색〉

20230809

> 점의 정신은 무엇인가. 조심성·겸손함이다. 점은 지식·지혜를 총동원해도 알 수 없는 문제를 하늘에게 여쭙는 행위다. 방심으로 인한 실수에 오만이 빚어낸 적대세력의 해코지가 가해져 파멸을 초래하는 현실에서 점치는 마음은 생존·번영의 길잡이가 될 수 있다.

지난해 3월 대통령 관저 선정에 무속인이 개입했다는 주장이 제기됐다. 지난 23일 공개된 경찰 수사 결과 관상·풍수지리 전문가가 관여한 것으로 판명됐다. 여·야 공방이 오가면서 난데없이 정치권에 무속·관상·풍수지리 프레임이 등장했다. 해당 전문가는 민주당 이재명 대표의 부부도 만났다고 한다. 지난 19대 대통령 선거 당시에는 김정숙 여사와 다수 정치인도 만난 것으로 알려졌다. 불편한 진실은 무엇인가. 사회 지도층이 겉으로는 과학적 사고로 무장한 것처럼 행동하면서 뒤로는 다양한 점(占)에 기대는 이중행태를 보인다는 것이다. 왜 그럴까. 점에 대한 인식의 부재 때문이다. 실체를 모르면 부정·긍정 요소를 선별할 수 없다.

'占(점)'은 시간축(|)의 특정시점(ㅏ)을 말하는(ㅁ) 것을 표상한 글자다. 점은 조짐으로 미래를 읽는 인간의 노력으로 부분이 전체를 반영한다는

'프랙탈 이론(fractal theory)'에 근거한다. 프랙탈은 '파편'이라는 뜻의 라틴어 'fractus'에서 비롯된 말로 1975년 하버드대학교 수학 교수였던 망델브로(Mandelbrot)가 전체와 부분이 닮은 기하학 구조를 표현하기 위해 사용한 용어다. 나뭇가지, 혈관분포, 창문 성애, 산맥, 리아스식 해안, 은하계 분포 등의 형상은 부분의 반복으로 형성된다.

사람의 손은 몸매와 닮았고 귀는 얼굴 형태와 유사하다. 작은 잎으로 큰 잎사귀 모양을 알 수 있는 이유는 공간적으로 작은 부분이 큰 것의 특징을 축소·반영하기 때문이다. 그래서 "하나를 보면 열을 안다."고 말한다. 한의사는 환자의 손이나 얼굴을 보고 특정 장기(臟器)의 온전성 여부를 판단한다. 몸 전체의 상태가 인체의 부분에 드러나기 때문이다. 시간 차원에서도 현재 조짐으로 미래를 판단할 수 있다. "될성부른 나무는 떡잎부터 알아본다."고 말하지 않는가. 부분으로 전체를 식별하고 현재의 징후로 미래를 감지한다는 프랙탈 논거는 불교경전 화엄경(華嚴經)의 "개체가 전체이고 전체가 곧 개체(一卽多 多卽一)"라는 사상과 맥락을 같이 한다.

관상(觀相)이 얼굴에서 삶의 미래를 읽는 것이라면 풍수지리는 땅의 관상을 살피는 것이다. 사주명리는 중대 사건인 출생 시점을 십간십이지(十干十二支)라는 부호체계로 표현하고, 그 상관관계를 규명하여 인생 여정의 길흉을 식별하는 방법이다. 무속점에서는 사람이 직접 신기(神氣)의 매개체가 된다. 혹세무민하기도 하지만 유능한 무속인의 예지력은 신비롭기 그지없다. 필자는 무속점의 실체를 모르겠다. 틀렸다는 말이 아니다. 그저 모를 뿐이다.

주역점(周易占)은 조짐을 음(--)·양(—) 기호로 전환한 괘상(卦象)으로 변화를 추적하는 접근법이다. 조짐이 없으면 주사위·서죽(筮竹) 등에 정신을 감응시켜 특정 시점의 상황에 대한 스냅사진 같은 점괘를 추출한다. 극도로 민감한 완전균형 상태는 미미한 정신작용만으로도 영향을 받는다. 고속 질주하는 자동차의 핸들을 살짝만 틀어도 균형이 깨지면서 요동 현상을 빚는 것과 같다. 높이 던진 주사위는 극히 민감해져서 신(神)도 결과를 알 수 없게 된다. 이때 미래 사건에 집중한 마음이 작용하면 균형이 깨지면서 필연적 결과를 도출한다. 서죽을 뽑는 것도 같은 원리다. 그래서 로봇(robot)은 점을 칠 수 없다.

점은 잘 맞지만 틀리기도 한다. 과학적 기상예측·의료진단도 오류를 빚는 현실에 비하면 점의 정확도는 상당히 높은 편이다. 문제는 맞고 틀리는 이유를 객관적으로 규명할 수 없다는 것이다. 신념에만 의존하여 맹종하면 점은 미신이 된다. 과학도 만능은 아니다. 드러나지 않은 사실은 설명할 수 없지 않은가. 과학이 자연의 비밀을 어느 정도나 파헤쳤는가. 미지 영역은 신중하게 접근해야 한다. 공자(孔子)는 미래 사안에 대한 신중함을 중시하여 점을 쳤다. 중국의 대학자 주자(朱子)는 점을 치고 나서 관직을 내려놓고 은거했다. 이순신 장군은 전투에 임하기 전에 늘 점을 쳤다. 분석심리학자 칼 융(Carl Gustav Jung)은 점을 연구하여 공시성(synchronicity) 원리를 주창했다.

점의 정신은 무엇인가. 조심성과 겸손함이다. 점은 지식·경험·지혜를 총동원해도 알 수 없는 문제를 하늘에게 여쭙는 행위다. 방심으로 인한 실수에 오만이 빚어낸 적대세력의 해코지가 가해져 파멸을 초래하는 현실에서 점치는 마음은 생존·번영의 길잡이가 될 수도 있다.

15. 후쿠시마 원전 오염수 처리의 과학과 합리성   20230711
〈비과학적·비합리적 난동을 경계한다〉

> 비과학적·비합리적 난동은 악성 괴담을 불러 일으켜 국민 갈등과 천문학적 사회비용 손실을 유발한다. 국가와 국민에게 엄청난 피해를 입힌 괴담 유포자는 아무 책임도 지지 않는가. 이제 반복적 악습의 고리를 끊어내야 한다.

　후쿠시마 원전 오염수 처리에 대한 갑론을박이 극렬하다. 과학적으로 문제가 없다고 한다. 합리성을 결여한 일본의 조치를 믿을 수 없다고 한다. 무엇이 과학적이고 어떤 것이 합리성인가. 과학철학자 칼포퍼(Karl Popper)는 과학적 논거로 정당성의 검증을 제시한다. 검증은 가치가 배제된 관찰·측정으로 항시 동일한 결과가 얻어져야 실현된다. 논제가 명확해야 검증이 가능하다. 용어부터 살펴보자. 방류하려는 물은 오염수인가 처리수인가. 다핵종제거설비(ALPS)로 오염물질을 거르고, 남은 방사성 물질은 물로 희석하므로 처리수가 맞다. 논제는 "처리수 방류에 따른 안전성에 문제가 없는가?"다. 합리성은 무슨 뜻인가. 광범위한 해결 대안 선택 결과의 철저한 분석을 말한다.

　한국원자력학회는 지난 20일 처리수 영향이 과학적으로 무시할 수 있는 수준이라고 전했다. 2011년 사고 당시 방출된 다량의 고농도 오염수도 해류에 희석되어 지난 12년 동안 유의미한 방사능 증가가 없었다면서 처리수의 방사성 물질은 이에 비해 극히 적다고 강조했다. ALPS로 거르지 못하는 탄소-14 농도는 배출기준을 크게 못 미치고, 삼중수소 배출량(0.062g정도/년)도 자연생성량(200g/년)이나 동해 지역의 비에 포함된 양(3g)에 비해 미미하다고 언급했다. 견해를 달리하는 측에는 공개토론을 제의했다. 과학적으로 검증해 보자는 것이다.

오염수의 육지 저장 방안은 어떤가. 과학 저널 '네이처(Nature)'는 처리수가 바다에 미치는 영향은 제로에 가깝다면서 1,000개가 넘는 스테인리스 탱크의 오염수가 또 다른 지진·태풍에 의해 바다로 유입되면 더 위험하다는 견해를 피력했다. 처리해서 방류하면 지속적 안전성을 담보할 수 있는가. 합리적 규명이 필요하다는 것이다.

과학·합리성을 등진 행태가 난무한다. 정부는 국회 대정부 질의에서 처리수를 마실 수 있다고 답했을 뿐, 그 유해성 여부를 과학적으로 설명하지 못했다. 여당 의원의 '먹방' 퍼포먼스는 비합리적이다. 마포의 한 횟집 주인은 "국회의원이 수조 물을 마신다고 국민이 안심할까? 방류를 막거나 문제가 없는지 검증해야 한다."고 목소리를 높였다.

민주당 이재명 대표는 처리수를 핵폐수·독극물로 지칭하며 돌팔이 과학자가 국민을 우롱한다고 했다. 40년 넘게 방사능·원자력을 연구한 석학 앨리슨 옥스퍼드대 명예교수는 졸지에 돌팔이가 됐다. 앨리슨 교수는 이 대표에게 "과학 좀 배우라"고 말했다. "주장이나 믿음을 말한 것이 아니라 과학적 수치를 밝힌 것"이라고 첨언했다. 지난 1일에는 서울 시청역 인근에서 대규모 집회를 주도했다. 일부 의원은 단식에 돌입했다. 단식으로 수년 동안 국제기준에 맞춰 준비한 일본의 계획을 철회시킬 수 있는가. 국민건강을 염려한다면 규탄·단식을 멈추고 과학계와 토론하여 안전성을 검증해야 한다. 지난 28일 어민 단체도 과학적 진실을 외면한 주장으로 인한 피해에 대해서는 법적책임을 묻겠다면서 학계·어민·시민이 참여하는 공청회를 요구했다.

민주당은 태평양 도서국에 연대촉구 서한을 보냈다. 국제원자력기구(IAEA)의 검증을 신뢰할 수 없으니 처리수 문제를 유엔총회 안건으로 다뤄야 한다고 주장했다. 유엔 산하 IAEA는 못 믿으면서 유엔 안건으로 상정하라는 요구는 이율배반이다. IAEA 사무총장 방한(7월 7일)에 맞춰 철야농성에 돌입했다. 7월 9일 사무총장과의 국회 면담에서는 일본 편향적 검증이라고 주장했다. 10일에는 의원 11명이 일본으로 건너가 참의원 회관 앞에서 연좌 농성을 벌였고 총리 관저 앞에서도 집회를 열었다. 무분별한 독자적 정치 행위로 국격을 훼손하고 있다.

비과학적·비합리적 난동은 어김없이 악성 괴담을 불러일으켜 심각한 국민 갈등과 천문학적 사회비용 손실을 유발했다. 2008년 미국산 소고기 수입 반대 시위 당시 한국경제연구원은 피해 금액을 최대 3조 7천억 원으로 추산했다. '뇌 송송 구멍 탁'은 없었고 작년에 3조 원어치의 미국산 소고기가 수입됐다. 국방부는 지난 21일 성주 사드기지 전자파가 거주지 기준 최대 측정값 1㎡당 10W(와트)의 530분의 1 수준(0.189%)에 불과하다는 환경영향평가 결과를 밝혔다. 국내 최대 참외 생산지 성주는 이미 '전자파로 튀겨진 참외'라는 괴담 때문에 수백억 원의 연 매출 감소를 겪었다. 괴담 유포자는 아무 책임도 지지 않는가. 개인의 사소한 법 위반은 처벌하면서 국가와 국민에게 엄청난 피해를 입힌 중범죄는 묵과하는 현실을 상식으로 받아들여야 하는가. 이제 반복적 악습의 고리를 끊어내야 한다.

16. 국방·군사시설 이전의 현안과 대응 방향
〈국방군사시설 이전과 지역발전의 상생〉   20230630

> 국방·군사시설 이전 기반은 민군상생이다. 안보 혜택은 전 국민이 공유하지만 피해는 군사시설 주변 지역 주민이 감내한다. 군은 민원과 갈등을 임무 수행 저해 요인으로 인식해서는 안 된다. 임무 수행 여건을 개선하면서 국토의 균형 발전을 도모해야 한다.

주민의 재산권을 침해하고 지역개발을 저해한다는 이유로 최근 50여 년에 걸쳐 도심지역의 297개 군부대가 지방으로 이전됐다. 전국에 산재한 미군기지를 평택·군산·칠곡으로 통합·이전하는 사업도 마무리 단계에 이르렀다. 대구 지역의 군부대 통합 이전이 본격화되고 있고 지지부진하던 대구·광주의 군 공항 이전도 지난 4월에 관련 법안이 마련되면서 가시화되었다. 국방·군사시설이 이전되면 효용가치가 높은 대규모 용지가 공급된다. 군은 종전 부지를 지역사회에 제공하고 이전된 지역에서 더 나은 임무수행 여건을 보장받는다.

국방·군사시설 이전은 부지를 용이하게 확보하고 갈등을 최소화하기 위해 '국유재산법 제13조(기부채납)와 제55조(양여)'에 따른 '기부채납·양여' 방식으로 추진된다. 해당 지역 지자체장이 군이 요구하는 지역에 시설을 건설하여 기부채납하면 국방부는 기존부지를 용도 폐지하여 이전

수행 주체에게 양여한다. 이전 주체는 양여 부지를 매각·개발하여 투입 비용을 회수한다. 국방부는 '국방·군사시설사업법'에 따라 공신력 있는 기관을 국방·군사시설 사업시행자로 지정하고 사업계획을 승인한다. 이러한 과정의 현안은 무엇이고 그에 대한 대응은 어떻게 이루어져야 하는가.

첫째, 이전부지확보 과정의 갈등관리가 필수적이다. 군부대 유입에 대한 지역주민의 반대에 이해관계 집단과 정치권의 영향력이 가중되면서 끊임없는 갈등이 빚어진다. 군은 미군기지 이전 부지를 평택에 확보하면서 극심한 고충을 겪었다. 위례 신도시 건설로 이전된 특수전사령부 위치를 경기도 이천시 신둔면으로 정했다가 주민의 반발로 마장면으로 변경하기도 했다. 국방부가 입안한 '군 공항 이전 및 지원에 관한 특별법'은 갈등을 완화하기 위해 2005년 경주시가 지역주민의 찬성(89.5%)을 기반으로 방폐장을 유치하여 세수증대·고용창출 효과를 거둔 사례를 벤치마킹(benchmarking)한 것이다.

이전 지역의 법적 지원과 더불어 주민에 대한 직·간접적 편익증진·경제 효과는 적지 않다. 교통망 확충과 체육·복지시설 구비 그리고 다양한 지원 사업도 병행된다. 비용편익분석을 통해 그 효과를 객관적으로 입증하여 갈등 완화에 주력해야 한다.

군도 더 나은 훈련·주거 여건을 보장받아야 한다. 도심지역의 문화 교육 혜택을 뒤로하고 오지로 쫓겨 나가는 모양새가 되어서는 안 된다.

정주 여건이 열악한 외곽지역으로 이전되면서 군과 군가족의 불만이 팽배했던 사례가 적지 않다. 대구시가 육군부대와 미군 시설을 통합이전 하고 주거·의료·교육 기능을 구비한 민군복합타운을 마련한다고 한다. 군도 지역사회 일원으로서 체육·의료·복지시설을 지역주민과 공용하는 시설배치계획을 수립해야 한다.

둘째, 기부시설 비용과 양여자산 가치의 균형을 추구해야 한다. 소요를 제기하는 군과 작전성을 검토하는 합동참모본부 그리고 검토 결과를 재원으로 구체화하여 협의를 진행하는 국방부의 각 입장은 결코 수월치 않다. 종전부지에서 기부시설 사업비 재원을 조달하고 해당 지역에 대한 인센티브(incentives) 제공 비용도 염출해야 하는 이전 주체의 여건도 녹록지 않다.

이전 주체가 기부시설 비용을 마련한다는 명분으로 개발이익을 극대화 하기 위해 용적률 상향 등의 조치를 취하면 공공이익을 위한 사회간접 자본(SOC) 시설이 축소된다. 결국 국회는 지난 4월 대구·광주 군 공항의 기부시설 비용이 양여재산 가치를 초과하면 국비로 지원할 수 있도록 하는 법안을 통과시켰다. 군 공항 이전 추진의 돌파구를 마련한 동 법안의 의미는 매우 크지만 중·장기적으로는 국방·군사시설 이전의 걸림돌로 작용할 여지도 없지 않다. 그간 적지 않은 이전사업을 추진할 수 있었던 사유는 무엇인가? 국방·군사시설이전 특별회계법에 따라 양여재산으로 기부시설비용을 충당하는 독립채산제 방식이어서 정부 재정에 부담을 주지 않았기 때문이다. 군 공항 이전 사업에 대한 국고지원으로 인해 향후 국방·군사시설 이전이 빠듯한 정부 재정을 압박하는 요인으로 인식되면 이전소요제기 및 부처협의가 쉽지 않을 것이다.

군은 임무 수행에 필요한 시설의 유형·규모를 적정수준으로 요구해서 기부시설비용의 과도한 증가를 억제해야 한다. 이전 주체 역시 종전부지의 과밀개발을 지양하면서 부지 효율을 높이는 노력을 기울여야 한다. 인기영합적 개발에 국고지원을 얻으려는 태도는 배제돼야 한다. 국고지원 소요는 부지효율 증대를 위해 노력하고 고민한 결과의 불가피한 산물이어야 한다.

셋째는 방대한 재원의 선투자가 필요하다는 것이다. 이전 주체는 시설을 건설하여 국방부에 기부채납하고 나서야 부지를 양여받기 때문에 사업비용을 선투입해야 한다. 위례 신도시 지역 군부대와 미군기지 이전에는 LH공사가 참여하여 재원을 조달했지만 이러한 과정의 재현은 쉽지 않을 것 같다. 안정적 수익성을 담보로 민간자본을 유치하는 한편, 개발이익 증대노력과 더불어 기부시설비용의 절감 방안을 강구해야 한다. 이를 위해 초기부터 전문가 집단이 개입하여 이전비용 소요를 정확히 파악하고 종전부지의 효율을 강화하기 위해 재원조달·부지개발·사업관리를 연계시키는 종합사업관리(Program Management)의 도입이 요구된다.

넷째는 반환공여부지 오염정화에 대한 합리적 방침을 정립해야 한다는 것이다. 주둔군지위협정(SOFA) 4조1항은 "미국은 부지오염에 대한

의무가 없다."고 규정하고 있다. 시설·구역 반환 과정에서 원상회복의무가 없고 보상책임도 지지 않는다는 것이다. 이에 대한 논란이 증폭되면서 2001년 1월 "인간 건강에 대한 공지(公知)의 급박하고 실질적 위험"을 뜻하는 KISE(known, imminent and substantial endangerment to human health) 수준의 오염은 미 측이 정화한다는 조항을 'SOFA 환경보호에 관한 특별양해각서'에 반영하면서 KISE 수준의 오염은 미 측이 처리하고 나머지는 반환 이후 한국 정부가 치유하게 되었다. 문제는 KISE 수준에 대한 판단 근거가 불명확하여 반환합의가 지연된다는 것이다. 우리나라 환경법을 적용하려는 환경부 입장과 미 측의 주장이 어긋나면서 부지반환이 늦어진다는 것이다. 반환공여부지의 오염도 조사와 치유에 대한 한미의 역할 분담이 절실한 이유다.

국방·군사시설 이전의 기반은 민군상생이다. 안보혜택은 전 국민이 공유하는 반면, 피해는 군사시설 주변 지역의 주민이 감내한다. 군은 피해민원과 지역갈등을 임무 수행의 저해요인으로 인식해서는 안 된다. 갈등관리를 가장 중요한 업무영역에 포함해서 적극 추진해야 한다. 지역주민의 신뢰 없이는 강군으로 거듭날 수 없다. 지역사회도 국가안보를 위해 노심초사하는 군을 배려해야 한다. 국방·군사시설 이전부지확보와 건설 그리고 종전부지의 효율적 개발을 통해 군 임무수행 여건을 개선하고 국토의 균형발전을 도모하는 논의가 필요한 시점이다.

17. 변화·혁신의 걸림돌!
〈자리를 떠나야 한다〉

20230613

> 기득권에 집착하고 위선적 행태를 자행하는 공직자는 변화·혁신의 걸림돌이다. 자리를 떠나야 한다. 공직을 장수 무대로 여기는가. 그칠 데를 알아 그쳐야 할 때 그쳐야 한다. 눌러앉아 있으면 결국 추하게 쫓겨난다.

변화에 역행하는 조직은 쇠퇴한다. 혁신을 거부하는 국가는 그 미래가 위태롭다. 1945년 발족하여 전후(戰後) 40여 년 동안 일본의 정치를 자민당과 양분하며 총리까지 배출한 사회당(현 사회민주당)의 중의원 의석은 현재 단 1석이다. 자유·개방·민주주의를 등지고 친북·친중·반미를 추구한 결과다. 지난 5월 28일 튀르키예 레제프 에르도안 대통령은 결선투표로 당선되었다. 가정용 천연가스 공짜, 인터넷 무료, 공공근로자 임금인상 등의 선심성 공약이 먹혔다. 곧바로 물가가 50% 이상 상승했다. 리라화 가치는 10년 전의 10%로 폭락했다. 국가부도가 우려된다.

구조조정을 감내하며 변화·혁신하지 않으면 생존·번영할 수 없는 세상이다. 스페인 지방선거(5월 28일)에서는 고소득자 세금인상, 은행·전력 회사 이익환수 등의 반시장 정책을 펼친 페드로 산체스 정권이 우파 연합에 패배했다. 선심성 정책으로 경기 침체를 타개할 수 없다는 것을 국민이 인식한 결과다. 그리스 총선(5월 21일)에서도 키리아코스 미초타키스 총리의 우파정당이 압승을 거뒀다. 연금·복지를 줄이며 시도한 성장 정책이 기업경쟁력 강화와 국가신인도 향상에 기여하면서 국민이 화답한 결과다. 이탈리아·포르투갈 등 남유럽 국가도 퍼주기식 포퓰리즘과 결별했다.

변화·혁신이 모토(motto)가 되는 시점이다. 우리 현실은 어떤가. 6월 1일 대법원이 렌터카 활용 차량호출 서비스인 '타다' 불법영업 혐의에 대해 4년 만에 무죄 확정한 것을 보며 이익집단의 집요한 관성(慣性)을 절감한다. '합법' 판정에도 '타다'는 부활할 수 없다. 1심 무죄판결 이후 국회가 '타다금지법'을 제정했기 때문이다. 1년 만에 170만 명의 회원을 확보할 정도로 혁신적이었던 서비스는 국회가 25만 명에 달하는 택시기사의 표에 굴복하면서 끝장이 났다. 갈등을 중재하고 상생을 모색해야 할 정치권이 오히려 혁신기업을 초토화시켰다.

헌법기관인 선거관리위원회가 아빠·형님 찬스를 기반으로 고용세습을 저질렀다는 사실에서 기득권 세력의 카르텔(cartel)을 확인한다. 선관위 사무총장·차장 등 고위직 4명이 수사 의뢰됐고 4·5급 직원 6명도 추가 적발됐다. 선관위는 국가공무원법 제17조2항의 "선관위 소속 공무원 인사사무에 대한 감사는 사무총장이 실시한다."는 규정을 들며 감사원의 직무감찰을 거부했다. 이번 사건으로 면직된 사무총장이 감사하겠다는 것이다. 국회 국정조사와 국민권익위 조사 그리고 경찰수사는 받겠다고 한다. 쇼핑하듯이 이 조사는 받고 저 감사는 못 받겠다고 한다. 선관위의

헌법상 독립은 '선거중립'을 위한 것이다. 작금의 상황에서 선거사무가 아닌 인사 비리까지 감사를 거부하는 것은 국민을 깔보는 처사다.

위선적 정치가 판친다. 5·18 민주화운동 43주년을 맞아 더불어민주당은 "다시, 민주주의!"라는 글의 현수막을 내걸었다. 민주당과 궁합이 맞는 표현인가. 당 대표가 대장동 비리 혐의로 기소되어 법원을 전전하는 와중에 2021년 전당대회 돈봉투 살포 사태가 터졌다. 녹취록에 등장하는 사람들의 적나라한 대화는 국민을 전율하게 했다. 돈봉투 살포자와 수혜자는 하나같이 검찰의 부당한 수사에 맞서 싸우겠다고 공언한다. 상임위 질의 시간까지 쪼개어 돈벌이에 열을 올린 '코인타짜' 의원은 국민의 한숨을 자아냈다. 구멍 난 운동화로 제시된 '빈곤 코스프레'는 젊은이를 멘붕에 빠뜨렸다. 현재 민주당의 적은 도덕적 자신감을 내보이던 과거 민주당이다. "진보라고 꼭 도덕성을 내세울 필요가 있느냐, 진보는 돈 벌면 안 되냐"라는 변명은 파탄의 비명으로 들린다. 미래로 나아가지 못하면 과거로라도 돌아가야 한다. 노무현 전 대통령 홍보수석이었던 조기숙 교수는 저서 '어떻게 민주당은 무너지는가'에서 정치인의 직업윤리인 명분마저 팽개치는 위선이 민주당을 붕괴시킨다고 역설한다.

기득권에 집착하고 위선적 행태를 자행하는 공직자는 변화·혁신의 걸림돌이다. 자리를 떠나야 한다. 혈세가 아깝다. 맹자는 "공직은 어렵게 들어가고 나올 때 신속·간단하라."는 난진이퇴(難進易退)를 말했다. 현실은 어떤가. 쉽게 들어가 끝까지 버틴다. 공직을 장수무대로 여긴다. 이진난퇴(易進難退)다. 그칠 데를 알아 그쳐야 할 때 그쳐야 한다(知止止止). 늦으면 그치고 싶어도 못 그친다. 눌러앉아 있으면 결국 추하게 쫓겨난다.

18. 의리(義理)와 배신(背信)   20230511
〈의기투합과 결렬의 메커니즘〉

> 눈앞의 의리는 대의(大義)에 합당할 때만 정당화된다. 그릇된 생각을 대의로 알고 고수하면 불의만 커진다. 불의가 처단되면 배신이 찾아온다. 의리에 죽고 사는 행동이 바로 앞의 절벽을 향해 질주하는 짓일 수도 있다.

중국 청대 문인 왕지부(王之鈇)가 펴낸 '언행휘찬(言行彙纂)'이라는 책 속의 작자미상 시(詩)가 작금의 세태를 풍자한다. "참새는 모이 쪼며 사방을 살피고 제비는 둥지에서 딴 마음을 안 갖는다. 배포 크면 복도 크지만 탐심이 커서 그 재앙도 깊다(雀啄復四顧 燕寢無二心 量大福亦大 機深禍亦深)"는 구절(句節)이 있다. 적게 먹는 참새와 제비도 조심해서 근심을 면하는데 한탕하려다 재앙에 빠진 성남시 대장동사업 추진 일당을 일컫는 것 같다. "밭 가는 소 먹을 풀 없어도 창고 쥐는 양식이 남는다(耕牛無宿草 倉鼠有餘糧)"는 시구(詩句)도 있다. 죽어라 일해도 척박한 민생을 외면하고 남을 등쳐 마련한 돈으로 매표(買票) 행위를 한 민주당 전당대회 돈봉투 살포자를 지적하는 듯하다. 국민을 충격에 빠뜨린 범죄에 국회 169석을 보유한 거대 야당의 전·현직 대표가 나란히 연루됐다.

범죄혐의에 대한 정치인의 대응 행태는 뻔하다. 부인하다 증거가 나오면

"전혀 몰랐다, 당사자의 일탈에 책임을 느낀다."고 말하며 책임회피와 꼬리 자르기를 시도한다. 그 결과 믿고 일한 사람은 배신감을 느끼고 의리로 맺어진 관계는 붕괴한다. 민주당 이재명 대표는 대장동 사건을 비롯해서 공직선거법 위반, 성남FC, 백현동 사업, 변호사비 대납 관련 혐의로 검찰수사를 받으며 '모르쇠'로 일관했다. 실체가 드러나면 실무자 일탈로 규정하고 꼬리 자르기를 했다. 결국 당사자의 절규 어린 비난에 휩싸였다.

검찰은 2021년 5월 민주당 대표를 선출하는 과정에서 돈 봉투가 살포되었다는 혐의를 포착하고 수사에 착수했다. 송영길 대표체제에서 사무총장·정책위부의장이던 윤관석·이성만 의원과 이정근 전 사무부총장 그리고 강래구 전 수자원공사 상임감사위원이 모의하여 9,000여만 원을 현역의원·대의원에게 뿌렸다고 한다. 사건이 불거지자 프랑스 파리에 체류하던 송 전 대표는 지난달 24일 귀국해 모든 책임을 진다고 공언했다. 5월 2일 검찰에 셀프 출두하여 자신을 구속하라고 요구했다. 그러나 의혹은 부인했다. 무슨 책임을 진다는 것인가? 의심스러운 발언이 통화녹취 곳곳에 있음에도 감독 소홀 과실만 떠안고 법적책임은 아랫사람에게 떠넘기는 꼬리 자르기에 나섰다. 대장동 사건의 평행이론이 전개될 것 같다.

언론·국민은 송 전 대표와 이재명 대표의 관계를 수상하게 여기고 있다. 2021년 10월 민주당 대선후보 경선에서 송 전 대표는 중도 사퇴 후보의 표를 무효로 결정해 이 대표의 대선후보 확정에 기여했다. 이재명 후보의 대선 패배 이후 2022년 6월 1일 지방선거에서 대표직을 사퇴하고 연고도 없는 서울시장 후보로 출마했다. 그 결과 공석이 된 송 전 대표 지역구(인천 계양을)의 국회의원 보궐선거에 현 이재명 대표가 전략 공천되면서 국회의원이 됐다. 돈봉투 사건 수혜자인 송 전 대표의 역할이 없었다면 이재명 대선후보·국회의원·당대표는 없었을 수도 있다는 점에서 이-송(李-宋) 관계가 의심스럽다.

사법 리스크로 곤경에 처한 이 대표에게 돈봉투 사건의 여파가 가중되면서 이-송 관계도 흔들리는 모양새다. 지난달 17일 이재명 대표는 송 전 대표의 탈당에 맞춰 수사기관에 정치적 고려가 배제된 신속·공정한 수사를 요청했다. 당 차원의 진상규명 논의도 수그러들었고 5월 3일 윤관석·이성만 의원도 결국 탈당했다. 송 전 대표에 대한 꼬리 자르기라는 말이 나온다. 전·현직 당 대표가 꼬리·몸통 관계일까? 머리·몸통으로 연관된 것 같다. 머리 자르기도 가능할까?

"나라를 먹자."는 소름 끼치는 거사도 불사하며 도원결의한 대장동 일당들은 서로 원수가 됐다. 법정에서 서로를 비방하며 언성을 높이고 있다. 야심 찬 시작의 끝이 흉하다. 흉종(凶終)이다. 돈봉투를 마련하며 형·오빠로 부르던 사이도 갈라지고, 정치적 도움을 주고받던 전·현직 인사의 틈도 틀어지는 극말(隙末)이 예상된다. 의리를 부르짖던 사람들이 사생결단으로 치닫는 흉종극말(凶終隙末)을 보며 의기투합이 결렬에 이르는 메커니즘(mechanism)을 이해한다.

의리를 지키기 위해서는 고난을 감내해야 한다. 그러나 눈앞의 의리는 대의(大義)에 합당할 때만 정당화된다. 그릇된 생각을 대의로 알고 지키는 의리는 불의만 키운다. 키워진 불의가 처단되면 배신이 찾아온다. 의리에 죽고 사는 행동이 바로 앞의 절벽을 향해 질주하는 짓일 수도 있다.

19. 분노를 접고 이치를 살펴야 하는데
〈한일 정상회담 후폭풍에 관한 단상(斷想)〉

20230407

> 성날 때 분노를 접고 이치의 옳고 그름을 살피라고 한다. 분풀이로 얻는 잠깐의 통쾌함 뒤에 백날의 근심이 따르니 노여움을 접고 사리를 분별하라는 것이다. 국가적 결정이 분노에 좌우되면 그 폐해가 얼마나 크고 깊을지 가늠할 수 없다.

지난 3월 16일 개최된 한일 정상회담의 후폭풍이 거세다. 강제징용 피해자 보상책인 제3자 변제를 민주당은 굴욕외교 결과라고 주장하며 국정조사·탄핵을 촉구했다. 대통령의 국정 지지도 하강 곡선을 보였다. 국민의힘도 민주당을 극언의 선동질을 해대는 망국의 장본인이라고 규탄했다. 나라가 친일·반일 논란에 휩싸였다. 정상회담이 국론분열의 진앙이 됐다.

고전을 펼쳐보니 "성날 때 분노를 접고 이치의 옳고 그름을 살피라(當其怒時 遽忘其怒 觀理之是非)"는 정자(程子)의 말이 눈에 띈다. "거망관리(遽忘觀理), 분노를 접고 이치를 따지라"고 한다. 분풀이로 얻는 잠깐의 통쾌함 뒤에 백날의 근심이 따르니 노여움을 접고 사리를 분별하라는 것이다. 국가적 결정이 분노에 좌우되면 그 폐해가 얼마나 크고 깊을지 가늠할 수 없다. 우리 정치권의 행태는 이치와 사리에 부합하는가.

국민 여론과 피해자 입장을 간과한 정부의 과오가 작지 않다. 민감한 문제를 왜 그렇게 전격적으로 처리하는가. 치열한 미·중 전략경쟁과 글로벌 공급망 위기 그리고 북핵 위협 고도화에 따른 복합위기에서 전 정부가 수렁에 빠뜨린 한일관계를 방치할 수 없다는 입장은 이해한다. 안보·경제 분야 성과가 상당하다는 주장도 수긍한다.

북핵 도발에 대응하기 위한 한·일 군사정보보호협정(GSOMIA·지소미아) 정상화는 시의적절하다. 반도체 핵심 소재 수출제한 조치 해제와 한일 재계의 미래 파트너십 기금조성도 주목할 만하다. 그러나 제3자 변제에 전범 기업인 일본제철과 미쓰비시중공업이 참여하지 않은 것은 실망스럽다. 기시다 후미오 총리의 사죄가 없는 것도 아쉽다. 피해 보상금을 한국 기업이 부담하는 것도 못마땅하다.

피해자 심경은 어떠했을까? 전범 기업의 직접 배상과 사과를 요구해 온 당사자로서 제3자 변제 방식에 무척 당황했을 것 같다. 심기가 상하고 정부에 대한 배신감마저 들었을 것이다. 정부는 한반도 정세나 세계 경제 여건을 고려할 때 한·일 관계 회복을 더는 미룰 수 없다는 사고의 연장선상에서 그렇게 했겠지만 제시안이 거부되면서 문제가 더 꼬였다. 국력의 뿌리를 공고히 하고 대세의 줄기를 장악해야 하지만 가지와 잎사귀의 미세한 떨림과 다름없는 피해자 정서도 배려해야 한다. 국민에게 배경을 설명하고 억지 주장에 대해서는 사실관계를 바로잡아야 한다. 피해자를 직접 만나 설득해야 한다.

더불어민주당은 어떠한가? 국정 비판은 야당 몫이지만 대안의 제시 없이 비난만 퍼붓는 태도가 볼썽사납다. 한일군사정보보호협정(GSOMIA·지소미아) 복원을 "일본의 군사 대국화와 평화헌법 무력화 동조"라고 주장한다. 지소미아는 북핵 정보 공유로 한정돼 있다. 군사력 팽창과 무관하고 평화헌법 무력화도 아니다. "자위대가 한반도에 진주하지 않을까 두렵다."고 말한다. 2015년 미·일 신방위협력지침에 의하면 자위대는 한국의 동의 없이 한반도에 들어올 수 없다. 강제징용 제3자 변제가 "식민 지배의 불법성을 뒤집은 것"이라고 주장한다. 한·일 문제를 지금껏 방치한 정당이 할 말은 아니다. 제3자 변제는 "청구권 문제는 영원히 해결됐다."는 1965년 한일 협정과 이를 거부하고 개인 청구권을 인정한 우리 대법원의 2012년 판결에 대한 절충이다.

한·일 관계는 자존심 대립으로 점철되어 왔다. 2019년에 아베 총리는 자존심 때문에 반도체 3품목을 규제했고 문재인 정부는 죽창가로 대응했다. 이번 정상회담은 악화되어 온 관계 복원의 출발이다. 한국 정부가 그 단초로 제시한 제3자 변제에 대한 일본의 호응이 부족하지만 아직 시작이다. 서둘지 말고 국면을 유리하게 관리해 나가야 한다. 더 이상 국론을 분열시켜서는 안 된다.

급박하게 전개되는 안보 상황을 주시해야 한다. 북한을 두둔해 온 중·러 밀착이 한·일 관계 정상화와 한·미·일 안보협력 강화의 이유다. 구한말 약하고 못난 조정 세력은 국제정세를 간과하고 지엽적 문제에 집착하다가 왜적의 침탈을 당했다. 그래서 우리는 지금 통한의 시대를 살고 있다. 아무리 노력한들 불행한 역사의 피해자 마음을 어찌 헤아릴 수 있겠는가. 분노를 접고 이치를 살펴야 하는데 생각이 정돈되지 않고 분노가 차오른다. 참고 견뎌내지 않으면 안 될 것 같다. 그러나 결코 잊지는 말아야겠다. 부끄러운 역사를 다시 대물림해서는 안 된다. 사리에 맞는 역사 인식이 필요한 상황이다.

20. 화살의 논리와 방패·갑옷의 논거
〈검찰과 이재명 민주당 대표의 실전적 현실〉

20230309

> 갑옷은 사람이 다칠 것을 우려하여 견고하게 만들고 화살은 사람을 상하게 하지 못할 것을 염려하여 예리하게 만든다. 각 역할에 이익이 따르기 때문이다. 역할의 중요성은 아무리 강조해도 지나침이 없지만 그에 부합하는 이익을 넘어서는 사심은 경계해야 한다.

"누에는 따뜻하길 바라나 보리는 춥기를 원하고(蠶要溫和麥要寒:잠요온화맥요한), 나그네는 맑은 하늘 기대하나 농부는 비를 기다리고(出門望晴農望雨:출문망청농망우), 뽕잎 따는 처자는 날씨 흐리길 바란다(採桑娘子望陰天:채상낭자망음천)." 대만(臺灣)의 석학 남회근(南懷瑾, 1918~2012)이 쓴 시(詩)의 일부다. 서로 다른 날씨를 고대하는 사람들 때문에 하늘의 심사가 편치 않을 것 같다. 사람은 그저 수시로 바뀌는 기상 여건과 때에 맞춰 순환하는 계절에 순응할 수밖에 없다. 하늘에 무슨 사심이 있겠는가.

인위적 현실은 다르다. 당태종의 정관정요(貞觀政要)는 '갑전지교(甲箭之敎)'라는 말로 입장 차에 따른 대립을 설명한다. "갑옷은 사람이 다칠 것을 우려하여 견고하게 만들고(夫作甲者欲其堅恐人之傷:부작갑자욕기견) 화살은 사람을 상하게 하지 못할 것을 염려하여 예리하게 만든다(作箭

者欲其銳恐人不傷:작전자욕기예공인불상)"는 것이다. 왜 그러한가. 각자의 역할에는 이익이 따르기 때문이다. 철저한 역할의 중요성은 아무리 강조해도 지나침이 없지만 역할에 부합하는 이익을 넘어서는 사심은 경계해야 한다.

지난달 16일 검찰총장은 이재명 더불어민주당 대표에 대한 구속영장을 청구하며 검찰로서의 일을 하겠다고 말했다. 이 대표에 대한 혐의는 4,895억 원의 배임(대장동 사건)과 133억 원의 뇌물(성남FC 사건)을 포함해 5가지다. 역할에 충실하겠다는 말에 누가 이의를 제기할 수 있겠는가? 그래도 헌정사상 처음 있는 일이다 보니 정치권은 격렬한 공방에 빠져들었다. 이 대표는 저항했고 민주당은 불체포특권을 행사했다. 검찰은 활을 쐈고 이재명 대표는 민주당이라는 갑옷을 입고 불체포특권의 방패를 썼다. 활의 명분은 타당하고 화살의 논리는 충분히 예리한가. 방패와 갑옷의 논거는 지속적 공격에도 견뎌낼 만큼 튼튼한가?

검찰은 충분한 증거를 근거로 보편적 기준에 따라 이 대표의 기초단체장 재직 당시의 토착 비리를 수사하고 영장을 청구했다고 말했다. 그래도 내년 총선을 앞두고 야당 대표를 사법 처리하는 현실이니 정치 탄압이라는 말이 나오는 것은 당연하다. 투명하고 공정한 수사로 이러한 주장을 불식시키지 못하면 화살은 방패와 갑옷을 뚫지 못하고 부러질 것이다.

불체포특권 행사는 타당한가? 지난달 27일 국회 본회의에서 이재명 대표에 대한 체포동의안은 표결에 참여한 297명 가운데 139명 찬성, 138명 반대, 9명 기권(무효 11표)으로 가결 정족수에 10표 모자라서 부결됐다. 그러나 민주당 의석이 169석인 점을 감안하면 30명 이상이 부결에 동참하지 않은 결과다. 가결이나 마찬가지라는 지적이 나온다. 표결 결과의 함의는 분명해 보인다. 당내 선당후사 여론이 적지 않다는 것이다. 불체포특권은 국회의원의 독립적 의정활동을 보장하기 위한 장치이지 비리 혐의가 있는 정치인을 보호하는 제도가 아니라는 것이다. 이 대표도 지난해 인천 계양을 국회의원 후보로 출마하여 자신을 깨끗한 정치인이라고 천명하며 불체포특권을 포기하겠다고 공약하지 않았는가.

민주당의 입장과 처신은 합당한가? 민주당의 주장 요지는 검찰이 조작 수사를 했다는 것이다. 과연 그러한가? 대장동 수사는 문재인 정부 시절의 검찰이 시작해서 지금 덮을 수도 없고 묻는 것도 불가능하다. 이것이 끝이 아니다. 성남 백현동 개발사업의 비리와 '쌍방울 기업'의 불법 대북 송금 수사도 진행되고 있다. 지금은 사법 리스크의 시작에 불과하다. 앞으로는 어떻게 하겠다는 것인가?

사실 이 대표에 대한 각종 혐의는 민주당과 상관이 없다. 단체장 시절 이 대표의 개인 혐의를 민주당이 떠안은 것이다. 국민 여론을 경청하고 국회법에 따라 양심적으로 행동해야 한다. 국민의 피로감이 쌓일 대로 쌓였다.

최근 트롯 열풍이 불고 있다. TV만 틀면 트롯 방송이다. 지나친 편중을 우려하면서도 왜 자꾸 보는가? 전심전력하는 참가자의 태도에서 정치 현실의 피로감이 씻기는 정화효과(catharsis effect)를 얻기 때문이다. 각 참가자는 수시로 달라지는 피아 관계 속에서 경쟁과 협조를 반복하며 최선을 다한다. 더 열심히 하지 못한 것을 아쉬워하며 눈물을 글썽인다. 과거 행적에 문제가 제기된 참가자는 실력에 관계없이 하차한다. 아름답고 엄정한 각축이다. 이러한 각축이 우리 정치무대의 모습이라면 국민의 두통거리는 상당 부분 경감되지 않을까.

21. 건폭(건설현장 폭력)
⟨정부도 업계도 각성해야 한다⟩

2023.03.01

> 구습을 타파하지 않고 눈앞의 편안함만을 추구하는 것이 인순고식(因循姑息)이다. 현실이 다급하니 이번만 넘기자는 것은 구차(苟且)이고 대충 모면하는 행태가 미봉(彌縫)이다. 건설업계의 태도가 이렇지 않았는가 돌아봐야 한다.

　개구리가 겨울잠에서 깨어날 정도로 날씨가 풀린다는 경칩(驚蟄)에 이르러 봄기운이 완연하지만, 건설업계는 춘래불사춘(春來不似春)이다. 봄이 왔지만 봄 같지 않고 으스스함마저 감돈다. 공사 원가 상승으로 적자의 골이 깊어지는 와중에 가파른 금리 상승이 엄습했다. 자금 확보에 비상이 걸린 상황에 주택 미분양 사태가 가중돼 중소·중견 건설업체의 연쇄 도산이 우려된다.

　그나마 정부가 건설현장 노조의 불법과 폭력을 척결하려는 단호한 의지를 보여준 것은 반가운 일이다. 지난 21일 원희룡 국토교통부 장관이 '건설현장 불법·부당 행위 근절 대책'을 보고한 자리에서 윤석열 대통령은 강요·협박·뒷돈 등 불법행위를 '건설현장 폭력, 즉 건폭(建暴)'이라고 언급했다. 엄정 단속해 법치를 확고히 세우라고 지시했다. 한동훈 법무부 장관과 윤희근 경찰청장도 검·경 합동 '건폭 수사단' 출범 계획을 보고했다. 노조의 탈법에 대한 범정부적 대응을 천명한 것이다.

국토부 조사 결과를 보니 건설현장은 무법천지와 다름이 없다. 건설사로부터 받는 뒷돈인 '월례비'로 타워크레인 기사 438명이 243억 원의 불로소득을 챙겼다. 1인당 연평균 5,500만 원으로 국내 근로자 평균 연봉(약 4,000만 원)을 크게 웃도는 수준이다. 상위 20%(88명)의 연평균 수령액은 9,500만 원이다. 많게는 연간 2억 2,000만 원을 받은 사례도 있다.

증빙자료가 있는 사안만 취합한 것이니 실제는 더 많을 것이다. 월례비 지급을 거부하면 자재 운반을 늦추는 등의 방식으로 태업을 불사했다. 결국 공사 차질로 인한 공기 지연은 건설사에 손실을 초래했고 초등학교 개교와 신규 아파트 입주 지연 그리고 분양가 상승을 초래해 국민에게도 손해를 끼쳤다.

이런 현실을 감내하며 어떻게든 공기에 맞춰 공사를 마무리하려고 애썼을 건설인의 모습이 애처롭다. 서두르다 사고가 발생하면 건설인은 여지없이 불법과 비리의 원흉으로 낙인찍힌다. 가혹한 처벌과 함께 여론의 손가락질이 뒤따른다. 급기야 경영자에게 1년 이상의 징역 또는 10억 원 이하의 벌금을 부과할 수 있는 중대재해처벌법까지 제정됐다.

그러나 중대재해처벌법 시행 이후 사망자는 오히려 늘었다. 지난해 중대재해로 숨진 근로자는 644명으로 1년 새 39명이 줄었지만, 법 적용 대상인 50인 이상 기업에서는 사망자가 256명으로 오히려 8명이 늘었다. 근로자 희생도 줄이지 못하면서 경영자에게는 무거운 처벌을 부과하는 불합리한 결과만 초래했다. 이 법은 충분한 숙의 없이 속전속결로 만들어져 적지 않은 허점을 내포하고 있다는 지적을 받아 왔다. 모호한 규정과 과도한 조항을 보완해 중대재해의 '처벌'이 아닌 '예방'으로 취지를 바꿔야 한다.

작금의 현실에 대해 정부는 뼈저리게 각성해야 한다. 건폭 문제는 어제오늘의 일이 아니다. 문재인 정부 때를 돌아보면 노조의 눈치를 과도하게 보며 편법을 눈감아 준 것이나 다름없다. 이제라도 바로 잡겠다니 늦었지만 다행이다. 윤 대통령은 폭력과 불법을 보고서도 방치한다면 국가라고 할 수 없다고 말했다. 법에 따라 강력히 조치하고 불법 상황이 다시는 벌어지지 못하도록 징벌적 손해배상을 포함하는 제반 사항을 법제화해야 한다.

부당한 실태에 대해 건설업계도 대오각성해야 한다. 문제를 해결하려 하지 않고 불법 행태를 유야무야하며 대충 넘긴 책임에서 벗어날 수 없기 때문이다. 원희룡 국토부 장관도 노조의 보복이 두려워 불법행위를 신고하지 못하는 현실을 지적하며 "건설사의 의지가 없이는 불법의 근절이 불가능하다"고 강조하지 않았는가.

만년에 연암 박지원은 병든 몸으로 '인순고식 구차미봉(因循姑息

苟且彌縫'이라고 쓰고 이 여덟 글자 때문에 천하만사가 이지러지고 무너진다고 역설했다. 구습을 타파하지 않고 눈앞의 편안함만을 추구하는 것이 인순고식(因循姑息)이다. 현실이 다급하니 이번만 넘기자는 것이 구차(苟且)이고 대충 모면하는 행태가 미봉(彌縫)이다. 구차 미봉하면 결국 문제가 문제의 꼬리를 물고 퍼져 나가 수습 불가능한 지경에 이른다. 그동안 건설업계의 태도가 혹시 이렇지 않았는가 돌아봐야 한다. 건폭 척결을 계기로 건설인 스스로가 자긍심의 주체로 거듭나야 한다.

22. 건설업, 입춘대길(立春大吉)! 20230207
〈봄의 길목에서 희망을 노래한다〉

> 스스로를 업신여기지 않는 개인·조직이 외부로부터 침해를 당하는 경우가 있는가. 건설인 스스로가 자신을 존대하며 건설에 대한 자긍심의 주체가 되어야 한다. 새해부터는 세상을 긍정적으로 변화시킬 수 있는 힘의 보유를 자각하고 그에 걸맞게 행동하자.

봄기운이 태동하는 입춘(立春)이 막 지났다. 선현(先賢)들은 입춘일(2월 4일)을 한 해의 시작으로 보았다. 음력·양력이 아닌 농사 목적용 절기력(節氣曆)으로 판단한 것이다. 천문(天文)의 이치로는 양 기운이 처음 태동하는 동지(12월 22일)가 새해 첫날이지만 겨우내 얼어붙은 땅에 온기가 스며들기 위해서는 상당한 시일이 필요한 지리적 현실을 감안하여 입춘을 새해의 기점(起點)으로 정한 것 같다. 이에 따르면 음력설이 새해의 시작일이 아니기 때문에 금년 설날(1월 22일) 이후 입춘(2.4) 이전에 태어난 아기는 계묘년(癸卯年) 토끼띠가 아니고 임인년(壬寅年) 호랑이띠가 된다. 한해는 봄에서 시작하고 봄의 출발점은 입춘이기 때문이다.

입춘이 지나서 봄의 길목에 들어섰지만 우리 건설업계는 춘래불사춘

(春來不似春)이다. 봄이 왔지만 봄 같지 않고 으스스함이 감돈다. 공사원가 상승으로 적자의 골이 깊어지는 와중에 가파른 금리 상승이 엄습했다. 자금 확보에 비상이 걸린 상황에 주택 미분양 사태가 가중되어 중소·중견 건설업체의 연쇄 도산이 우려된다.

그래도 건설현장의 노조 불법행위가 척결되는 현실에서 다소간의 봄기운이 느껴진다. 1월 19일 국토교통부 발표에 따르면 전국 1,489개 현장에서 2,070건의 불법행위가 있었고, 118개 건설사가 월례비 명목으로 3년 동안 1,686억 원의 금품을 뜯겼다고 한다. 소속 노조원의 채용을 압박하고 요구를 들어주지 않으면 공사방해와 폭력이 자행되어 길게는 120일에 이르는 공기 지연이 발생했다고 한다. 세계적 주목을 받는 대한민국의 건설현장에서 이러한 불법행위가 공공연히 지속되었다는 사실이 믿기지 않는다. 불법적 횡포를 감내하며 어떻게든 공사비·공기에 맞춰 공사를 마무리하려고 애썼을 건설인이 애처롭기 그지없다. 이러한 현실에서 사고가 발생하면 여지없이 불법·비리의 원흉으로 낙인 찍혔고 가혹한 처벌과 혹독한 지탄을 받지 않았는가. 급기야 경영자에게 1년 이상의 징역 또는 10억 원 이하의 벌금을 부과할 수 있는 중대재해처벌법까지 제정되었다.

중대재해처벌법 시행 이후 사망자는 오히려 늘었다. 1월 19일 고용노동부 발표 내용을 보면 지난해 중대재해로 숨진 근로자는 644명으로 전년보다 39명이 줄었지만 법적용 대상인 50인 이상 기업에서는 사망자가 256명으로 8명이 늘었다. 무거운 처벌이 능사가 아니라는 것을 방증하는 결과다. 충분한 숙의 없이 속전속결로 만들어져 허점투성이인 이 법은 원점에서 재검토돼야 한다. 모호한 규정과 과도한 처벌 조항을 뜯어고치고 법의 취지를 살려야 한다.

최근 건설업계는 단단한 땅을 뚫고 나오는 새싹처럼 당찬 움직임을 보여주고 있다. 한국건설기술인협회(회장 윤영구)는 1월 13일 건설기술인의 위상 확립과 건설업의 미래 기반 구축을 위한 '비전 2030'을 선포했다. 주목할 만한 사항은 건설업계의 부끄러운 자화상을 직시했다는 것이다. 3D업종·토건족·부실시공의 부정적 이미지로 점철된 건설업이 젊은 층의 외면을 당하면서 고령화 현상이 심해졌다는 것이다. 건설기술인의 결속력이 부족하여 회원 규모와 국가기여도에 걸맞은 사회적 영향력을 확보하지 못했다는 것이다. 껄끄러운 단면을 솔직히 인정하면서 발전적 대안을 추구하는 모습이 무척이나 당당해 보였다.

대한건설협회(회장 김상수)는 공사의 품질·안전 확보와 건실한 기업 경영을 저해하는 공사비 부족 문제를 해결하기 위해 전면에 나섰다. 적정 공사비 확보의 고질적 장애요인으로 작용하는 '장기계속공사 관리비 부담'을 비롯한 몇 가지 핵심사안의 실태를 분석하여 입법기관인 국회의 문을 두드렸다. 결국 1월 30일 관련 부처 공무원을 논의의 장으로 불러내어 건설협회서울시회(회장 나기선)와 몇몇 시도회의 장이 역할을 분담, 각 사안별로 문제점을 설명하면서 법·제도의 합리적 시정을 요청하기에 이르렀다. 불합리한 현실을 성토하다가 결정적 순간에는 몸을 움츠리던 건설인의 모습이 아니었다. 떳떳한 태도가 참으로 고무적이었다.

스스로를 업신여기지 않는 개인·조직이 외부로부터 침해를 당하는 경우가 있는가? 건설인 스스로가 자신을 존대하며 건설에 대한 자긍심의 주체가 되어야 한다. 새해부터는 세상을 긍정적으로 변화시킬 수 있는 힘의 보유를 자각하고 그에 걸맞게 행동하자. 입춘대길(立春大吉)이다. 봄이 오는 길목에서 희망을 노래한다.

23. 운명과 미래
〈계묘년(癸卯年) 원단(元旦)의 소고(小考)〉

20230105

> 인간적 행태가 상호작용하여 계량적 측정이 불가능한 개인·사회·국가의 미래는 어떻게 알 수 있는가. 현재의 뜻으로 예견할 수 있다. 지금의 의미가 미래 발현의 씨앗이다. 지금 정부의 5년 이후 모습도 향후 양상을 뜻으로 규명하면 알 수 있을 것이다.

연초에는 사주·관상과 같은 전통적 예측 방법에 기대어 자신이나 국가의 운명을 엿보려는 사람들이 적지 않다. 운명은 무엇인가? '결정된 미래 일정(future schedule)'이다. "운명이 있는가?"라는 말은 결정적 미래의 존재 여부를 묻는 질문이다. 운명과 미래에 관한 필자의 주관적 견해를 피력한다.

하이젠베르그(W.K.Heisenberg, 1901-1976)의 불확정성 원리(uncertainty principle)는 양자역학이 다루는 미시영역에서 전자(電子)의 위치와 운동량을 동시에 측정할 수 없기 때문에 미래는 확정될 수 없다고 단언한다. 그러나 거시적 삶의 세계에서는 결정적 미래가 확률적으로 존재한다. 서울 남산이 내년에도 그 자리에 있을 확률은 거의 100%다. 애인과의 약속은 그때 가 봐야 안다. 우리 정치인의 말은 어떠한가? 실현 가능성이 상당히 낮다. 이처럼 미래 사안은 존재의 크기와 무게를 제각기 달리 가질 뿐 확률적으로 결정되어 있다.

우리는 이미 과학적 방법을 동원하여 상당히 높은 확률로 날씨 변화와 화산폭발 그리고 지진 발생을 예측할 수 있다. 인간적 행태가 상호작용하여 계량적 측정이 불가능한 개인·사회·국가의 미래는 어떻게 알 수 있는가. 현재의 뜻으로 예견할 수 있다. 지금의 의미가 미래 발현의 씨앗이다. 지난 정권 5년에 걸쳐 전개되었던 상황의 뜻으로 작금의 현실을 예견할 수 있지 않았는가. 지금 정부의 5년 이후 모습도 향후 펼쳐지는 양상을 뜻으로 규명하면 알 수 있을 것이다.

사주명리(四柱命理)는 십간십이지(十干十二支)로 구성된 60개의 부호체계로 특정인이 처한 현재 의미를 과거·미래와 연관시키는 것이다. 관상(觀相)은 사람의 지금 모습과 행태로 미래 상황을 유추해 내는 방식이다. 주역(周易)은 이진법의 디지털 코드와 다름없는 음(--)·양(—)의 기호를 중첩한 모델로 특정 상황의 현재 의미를 파악하고 주변 환경과의 관계를 규명하여 미래 변화를 추적하는 접근법이다.

지금의 의미로 미래를 예견한다는 관점은 원하는 운명을 맞이하려면 그에 부합하는 뜻을 현재에 심어야 한다는 것을 시사한다. 지난 1년 동안 우리는 어떠한 뜻을 심어서 현재에 이르렀는가? 대학교수들이 지난해를 뜻하는 사자성어로 잘못하고도 고치지 않는다는 '과이불개(過而不改)'를 제시했다. 논어 위령공편(論語 衛靈公編)의 "잘못하고도 고치지 않는 것이 잘못(過而不改是謂過矣:과이불개시위과의)"이라는 말의 일부다. 우리 정치 지도층의 세태를 적확하게 묘사하는 표현이다. 누구나 잘못을 범할 수 있다. 잘못을 알고도 고치지 않는 것이 문제다. 잘못이 드러나면 집권당은 "이전 정부는 더 심했다."고 주장했고 야당은 '야당탄압'이라고 우겼다. 잘못을 인정하고 고쳤으면 국민 신뢰를 얻을 수 있었을 텐데 아쉽기 그지없다. 이제 '논어 학이편(論語 學而編)'이 전하는 "허물이 있으면 고치기를 꺼리지 않는다(過則勿憚改:과즉물탄개)"는 말의 뜻을 현실에 반영해야 한다.

원치 않는 미래가 도래한다면 어찌해야 하는가? 순응해야 한다. 가끔 그토록 확신했던 승진이나 계약이 실현되지 않아 허탈해하는 사람을 만난다. 무엇이 문제인가? 운명을 확신한 것이 잘못이다. 노력한다고 반드시 의도하는 미래가 올 이유는 없다. 최선을 다할 뿐 미래는 여전히 모르는 것이다. "이것이 운명이구나!"라고 받아들여야지 "싫다, 좋다"를 표명하면 안 된다. 운명은 궁금한 것일 뿐 확신 대상은 아니다. 확신이 맞아떨어지면 교만해져서 큰 과오를 불러들이고 틀리면 실망과 좌절을 초래하지 않는가.

"사람이 할 일을 다 하고 천명을 기다린다(盡人事待天命)"는 말은 노력한 사람이 운명에 순응하는 자세를 일컫는다. 순응은 포기가 아니다. 더 큰 운명을 맞이하기 위해 힘을 축적하는 과정이다. 주역(周易)의 중지곤(重地坤) 괘상은 "운명을 앞서면 혼미해지고 따르면 원하는 것을 얻는다(先迷後得)"는 말로 순응의 덕을 일깨운다. 금년 계묘년(癸卯年)에는 바람직한 미래에 부합하는 뜻을 부지런히 심어서 국운(國運) 융성의 기틀을 마련하자. 겸허한 마음으로 운명에 순응하는 태도를 견지하자.

24. 시스템의 위기
〈국가 시스템이 위태롭다〉

20221206

> 최상위 국가는 국민이 그 존재를 못 느끼게 하는 나라다. 다음은 국민이 친근해하고 칭송하는 나라다. 그다음은 국민이 두려워하는 나라다. 최하위는 국민이 멸시하는 수준이다. 국가 시스템의 현실을 직시하고 나아갈 방향을 모색하자.

경영은 시스템(system)의 운영을 전제로 이루어진다. 국가경영도 마찬가지다. 시스템은 구성요소가 상호작용하는 유기적인 조직체로서, 부분적 효율과 전체 효과가 조화·균형을 이루면 전체가 부분의 합보다 더 커지는 시너지 효과를 창출한다. 시너지(synergy)는 시스템 에너지(system energy)의 축약 표현으로 하나의 강점이 다른 약점을 상쇄시키면서 강점끼리 결합하여 더 강한 무언가를 만들어낼 때 발휘된다.

필자는 지난 10월 29일 158명의 소중한 목숨을 앗아간 이태원 참사에서 시너지 효과의 반대 현상을 목격했다. 하나의 약점이 다른 강점을 무력화시켰고 약점끼리 만나 더욱 심각한 문제를 증폭시켰다. 내적으로 무력화된 시스템이 급격한 변화에 직면하거나 외부로부터 집요한 공격을 받으면 붕괴할 수 있다. 금번 참사를 통해 국가 시스템이 위태로워졌다는 사실을 깨달았다. 왜 그러한가.

첫째, 독일의 생물학자 윅스퀼(Jakob von Uexküll)이 시스템의 핵심 기능으로 강조한 감지·반응 체계가 마비되었다. 참사 4시간 전부터 112 신고가 11차례나 있었지만 감지체계는 작동하지 않았다. 관할 경찰서장은 대통령실의 확인 전화도 못 받았다. 경찰청장은 소방 당국의 대응 3단계 발령 이후에 보고를 받았다. 행정안전부 장관은 참사 발생 1시간이 지나서 소방청의 긴급 문자로 사태를 인지했다. 서울 경찰청장의 경찰력 급파지시는 골든타임을 놓치고 나서 이루어졌다. 반응 체계 역시 무기력했다. 국가를 신뢰할 수 없다. 국민은 각자도생해야 하는가.

둘째, 컨트롤 타워인 시스템 운영자도 국민에게 절망감을 안겨줬다. 행정안전부 장관은 "경찰·소방 인력 배치로 해결될 문제가 아니었다."고 말해 공분을 샀다. 용산구청장은 "주최 측 없는 핼러윈데이 행사는 축제가 아니라 하나의 현상"이라고 언급하여 여론의 뭇매를 맞았다. 무한책임을 느낀다고 말만 할 뿐, 진솔한 사과를 하거나 책임지는 자세를 보이는 공직자는 보이지 않는다. 국가에 대한 신뢰의 붕괴를 겪은 국민과 진상 책임 규명을 촉구하는 유족 앞에서 유체 이탈 화법만을 일삼았다.

셋째, 참사의 불행마저 악용하는 세력이 국가 시스템을 위협하고 있다. 사태의 수습에 주력하기보다는 '정권 퇴진'을 외치며 거리에 나서는 정치인 모습에서 불순한 의도가 읽힌다. 이쯤 되면 너무 나간 것 아닌가. 한 인터넷 매체는 사전 동의 없이 희생자 이름을 공개하고 지워달라는 유족에게 입증 서류를 요구했다. 희생자 명단을 배경으로 '떡볶이 먹방'까지 했다. 유족의 슬픔마저 강탈하는 폭력이고 희생자에 대한 불손이다. 입장 바꿔 생각하면 그 애달픈 마음을 느낄 수 있지 않은가. 한 성공회 신부는 온 국민의 염원을 모아 대통령이 탄 전용기가 추락하기를 바란다고 전했다. 어느 천주교 신부는 대통령 부부가 전용기에서 떨어지는 합성 사진에 "비나이다, 비나이다."를 곁들여 기도하는 아이의 사진을 공개했다. 사랑과 화합의 사표(師表)가 되어야 할 성직자의 공개적 저주에서 섬뜩함을 느낀다. 사탄이 바로 거기에 있는 것 아닌가. 어느 정치인은 캄보디아에서 심장병을 앓고 있는 어린이를 돌보는 김건희 여사를 참사와 연관시키며 '빈곤 포르노'라는 저속한 말로 비하했다. 당연히 해야 하는 일에 대해서 사사건건 트집을 잡아 국격을 훼손하는 우리 정치인 모습이 참으로 좀스럽다.

한서(漢書) 〈동중서전(董仲舒傳)〉에 나오는 '해현경장(解弦更張)'이라는 말이 생각난다. 거문고 줄을 모두 해체(解弦)하여 다시 조이는(更張) 것과 같은 혁신을 뜻하는 말이다. 금번 참사를 보면 줄을 해체할 필요조차 없는 것 같다. 제대로 묶여 있는 줄이 하나 없고 전부 얽히고설켜 있으니 모두 잘라내야 한다. 공직자의 소신과 책임감 그리고 국가 시스템 관리자로서의 자부심에 이르는 줄을 팽팽하고 튼튼하게 다시 매야 한다. 국가 시스템에 대한 위협적 언행을 거침없이 하면서 그것이 국민의 뜻인 양 포장하는 세력에게는 싸늘한 시선을 보내자. 잘 기억해 두었다가 적절한 시점에 국민의 권한을 행사하자. 우리가 진정 원하는 것은 내가 살고 묻혀야 할 이 나라에서 자식들이 공존·공영하는 국가 시스템을 구축하는 것 아니겠는가.

국가 시스템의 등급은 어떻게 구분되는가. 노자 〈도덕경〉의 표현을 빌리면 최상위는 국민이 국가의 존재를 못 느끼게 하는 나라다(太上不知有之: 태상부지유지). 다음은 국민이 친근해하고 칭송하는 나라다(其次親而譽之:기차친이예지). 그다음은 국민이 두려워하는 나라다(其次畏之:기차외지). 최하위는 국민이 멸시하는 수준이다(其次侮之:기차모지). 국가 시스템의 현실을 직시하고 나아갈 방향을 모색하자.

25. 기업의 생장(生長)과 쇠멸(衰滅)
〈카카오 '먹통' 사태에 관한 단상(斷想)〉

20221104

> 기술이 성장하면 안정적 시장점유율을 유지하는 성숙기에 이른다. 기술을 출시한 기업도 시장의 주목을 받는다. 기업인 역시 고생 끝에 현재에 이른 자신에 뿌듯함을 느낀다. 이때부터 위기가 시작된다. 각성·노력하지 않으면 곧 도래하는 쇠퇴기의 제물이 된다.

생물체가 생장쇠멸(生長衰滅)의 과정을 겪듯이 기업도 태동하여 성장·성숙 단계를 거쳐 쇠퇴에 이르는 수명주기(life cycle)를 갖는다. 내·외부 상황에 탄력적으로 대처하지 못하여 수명주기가 종료되는 기업과 환경 변화에 적응하지 못해서 죽음에 이르는 생물체의 모습은 서로 다르지 않다.

도입된 기술이 시장 여건에 맞으면 성장을 지속한다. 매출액·이익률도 상승하여 안정적 시장점유율을 유지하는 성숙기에 이른다. 성숙단계에 달하면 기술을 출시한 기업은 시장의 주목을 받는다. 기업인 역시 고생 끝에 현재에 이른 자기 모습에 뿌듯함을 느낀다. 이때부터 위기가 시작된다. 주변의 칭찬을 "좀 더 각성하고 노력하지 않으면 언제든지 망할 수 있다."는 경고로 새겨듣지 않으면 곧 도래하는 쇠퇴기의 제물이 된다.

성숙기에서 느끼는 쇠퇴의 징후는 아무 의미가 없다. 성장 과정에서 미리 재도약 전략을 마련해 두지 않았다면 몰락을 체감하면서 그냥 사그라질 수밖에 없기 때문이다. 기업의 수명주기는 얼마나 될까? 글로벌 컨설팅사 맥킨지(Mckinsey)에 따르면 20세기 이전에는 평균수명이 30~90년이었지만 21세기에 들어선 지금은 15년 이하라고 한다. 변화 상황에서 출현하는 위기의 대응이 그만큼 어렵다는 방증이다.

지난달 15일 15시 30분경 경기도 성남시 소재 SK C&C의 전기실 화재로 인해 카카오톡 '먹통' 사태가 발생했다. 상당수 국민이 어려움을 겪었고 서비스에 가입한 자영업자 등의 경제적 피해가 속출했다. 일순간 대한민국이 멈추는 상황이 빚어졌다. 이러한 물의를 일으킨 카카오는 기업 수명주기의 어느 단계에 있을까? 성장전략을 마련하지 못하고 맞은 성숙단계에서 쇠퇴의 징후를 보이는 상황에 있는 것 같다. 어떠한 징후를 보여왔는가.

첫째, 국민의 기대를 저버린 채, 기업 확장에만 전념해 왔다. 카카오의 성공에는 IT 분야에 투자를 아끼지 않은 정부와 자신의 신상정보를 믿고 맡긴 국민도 적지 않은 기여를 했다. 카카오톡이 무료 서비스라고 하지만 국민도 개인정보를 무상으로 제공했다. 이를 기반으로 10년 전 18억 원 수준이던 연매출액이 6조 원 규모로 폭증했다. 2013년 16개에 불과하던 계열사를 6월 말 현재 187개로 불렸다. 이용자 4,700만 명을 앞세워 금융·교통·공공서비스 영역에도 진입했다. 그럼에도 데이터센터 등의 인프라에 대한 투자는 뒷전이었다. 거대 플랫폼 기업이 민간 소유

데이터센터 일부를 빌려 쓰고 있다면 유사 사태의 재발은 불 보듯 뻔한 것 아닌가.

둘째, 상식과 윤리에 어긋나는 행태를 보이기 시작했다. 카카오페이의 경영진이 상장 한 달 만에 주식 900억 원어치를 팔고 '먹튀'를 했다. 온라인 플랫폼이 없으면 장사를 할 수 없는 중·소상인과 자영업자는 모두 이들의 을(乙)로 전락할 수밖에 없었다. '쪼개기 상장'으로 모회사의 기업 가치를 떨어뜨린다는 비난도 폭주했다. '타다' 택시 서비스와 같은 혁신 모빌리티가 금지되면서 택시 시장도 장악했다. 혁신 없이 시장 지배자로 안주한 모습이 아닌가.

셋째, 금번 사태의 미숙한 관리로 다시없는 기회를 놓쳤다. 준비된 기업에는 돌발적 리스크도 기회가 된다. 이번 상황에 능숙히 대처했으면 국민 신뢰를 더욱 공고하게 다질 수 있었다. 카카오는 데이터 폭증 상황에 대해서는 준비해 왔지만 데이터센터 전체의 셧다운(shut-down)에 대비한 훈련을 한 적이 없다. 판교 데이터센터에만 3만 2,000대의 서버가 집중적으로 설치되어 있어서 화재에 속수무책이었다. 데이터를 복사해 두는 이중화 조치를 취했다고 주장하지만 재난복구(DR:Disaster Recovery)는 별도 지역에 쌍둥이 시스템을 마련하는 이원화를 뜻한다. 더 많은 비용이 든다는 이유로 재난관리의 기본조차 의도적으로 간과한 것 아닌가.

카카오 사고는 정부에 플랫폼 기업의 독·과점 방지와 다양성 추구의 필요성을 일깨워 줬다. 혁신을 외쳐도 기업의 본질은 이익 추구다. 강제되지 않으면 비상사태에 대비하기 위해 필요한 재원을 선뜻 투입하지 못하는 것 같다. 윤 대통령은 지난달 17일 독점이나 과점 상태에서 시장이 왜곡될 때는 국민 이익을 위해 국가가 대응해야 한다고 강조했다. '카카오 손절' 현상도 심상치 않다. 2010년 3월 최초로 출시된 이후 지속적으로 사용하면서 익숙해지다 보니 갈아타지 않은 90%의 국민을 이번 상황이 자극한 것이다.

성장을 이룩한 창조성이 오히려 쇠퇴를 야기하는 오만이 된다는 말은 동서고금의 진리인 것 같다. 영국의 역사학자 토인비(Arnold Toynbee)는 창조적 소수가 성공한 이후 교만해지는 현상을 '휴브리스(Hubris)'라는 말로 표현하며 기업 엘리트의 자만을 경고했다. 중국의 한서(漢書) 위상전(魏相傳)은 "자랑하고 뽐내는 군대는 반드시 패한다(驕兵必敗: 교병필패)"고 지적했다. 선두 기업의 필패 가능성을 암시하는 것처럼 들린다.

이번 사고에 대한 반성과 변신에 카카오의 생존이 걸려 있다고 해도 과언이 아니다. 고객의 신뢰를 얻지 못하는 카카오는 더 이상 초콜릿의 달콤함과 모바일 소통의 즐거움을 제공할 수 없다. 오히려 씁쓸한 뒷맛만 남기는 국민 밉상이 될 것이 뻔하기 때문이다.

26. 없는 것들에 대한 착각
〈궁극적으로 망하는 비결〉

20221006.

> 자신만의 생각을 정답으로 여기고 공짜를 바라는 심리를 자극하며 뒷일은 나 몰라라 하는 행태에 비밀이 보장된다는 오판이 더해져서 온갖 부정적 작태가 행해지고 있다. 정답·공짜·비밀에 대한 착각 현상은 사회를 피폐화시킨다.

신재생 에너지 정책의 일환으로 추진된 태양광 사업이 심상치 않다. 지극히 밝고 맑은 태양광의 음지가 어두움과 혼탁함으로 얼룩져 있다. 서울시는 2017년 11월에 향후 5년 동안 1조 7,000억 원을 투입, 100만 가구에 태양광 설비를 설치하여 원전 1기의 발전 용량에 맞먹는 1기가와트(GW)의 전기를 생산하겠다고 발표했다. 이때부터 태양광 사업은 특정 집단의 먹잇감이라는 소문이 돌기 시작했다. 최근 서울시 감사 결과에 따르면 536억 원의 보조금을 받은 68개 업체 중 14곳은 118억 원을 받고 폐업했고 사업집행은 복마전을 연상케 했다고 한다.

지난 정부의 사업도 다르지 않다. 국무조정실의 조사에 의하면 최근 5년간 12조 원이 투입된 226개 신재생 에너지 사업에서 12곳(2조 1,000억 원)을 추출하여 파악한 결과, 2,267건(2,616억 원)의 위법·부당

사례가 있었고, 이 중 태양광 비리와 관련된 금액이 1,800억 원에 이른 다고 한다. 그 유형은 서류 조작, 가짜건물 설치, 쪼개기 수의계약, 지원금 전용, 입찰 담합 등 비리 종합세트였다. 나머지 214곳(9조 9,000억 원)도 대동소이하지 않을까?

가장 순수한 태양광의 이면에서 묘안을 짜내어 은밀히 이행하고 부당 이득을 착복한 사람들은 무슨 생각을 했을까? 세상에 존재하지 않는 세 가지가 있다고 착각한 것 같다. 우리 사회를 좀먹는 세 가지 착각 현상은 무엇인가?

첫째는 정답이 존재한다는 착각이다. 우리는 정답이 없는 세상에 살고 있다. 시기와 상황에 따라 관점이 변하면 해답도 달라진다. 이러한 현실을 외면하고 자신의 생각이 정답이라고 우기면서 남을 가르치려 드는 사람은 반드시 '꼰대' 소리를 듣는다. 생각의 신선도가 떨어지는 사람이라는 것이다. 다양한 의견에서 공감 영역을 찾아내어 합의를 도출해 내는 것이 정치의 핵심기능이다. 현실은 어떠한가. 진영논리만 대변하는 주장을 정답으로 내세우며 상대방 의견에 대해서는 국민이 분노·개탄한다고 목소리를 높이는 정치 현실을 보면 피로감이 엄습해 온다. 주장의 타당성에 대한 합리적 근거 없이 미리 정해진 결론을 정당화하기 위해 시도 때도 없이 국민을 소환하지 않는가.

둘째는 공짜가 가능하다는 착각이다. 본능적으로 좋아하지만 없는 것이 공짜다. 공짜심리는 노력·재원은 들이지 않고 원하는 것을 얻으려는 마음이다. 거저 얻는 것은 이미 뿌린 것의 결실이거나 앞으로 감내해야 할 부담이다. 국가 재원 지출도 국민의 희생과 양보를 전제로 한다. 그동안 지출된 코로나 지원금은 공짜인가. 당겨쓴 돈은 우리 자식들이 짊어져야 할 빚이다.

　더불어민주당은 엄청난 재원을 수반하는 대중교통법·양곡관리법·기초연금법의 개정을 추진하고 있다. 대중교통법 개정안은 금년 8~12월에 지출한 버스·지하철 요금의 절반을 돌려주는 것이다. 최대 4조 6,000억 원이 소요된다. 양곡관리법 개정안은 쌀 생산량이 예상 수요의 3% 이상이거나 쌀값이 전년보다 5% 이상 하락하면 과잉 생산량을 정부가 매입한다는 내용이다. 매년 1조 원 이상의 재원이 필요하다. 기초연금법 개정안은 65세 이상의 하위 70%에게 주는 수당을 월 30만 원에서 40만 원으로 높이는 것이다. 12조 3,000억 원이 추가 소요된다. 대상을 100%로 확대하는 방안도 검토한다고 한다. 연간 수십조 원의 재정 부담이 따를 것이다.

　불법파업 노조·노동자에게 손해배상을 청구하지 못하도록 하는 노란봉투법, 출산보육수당확대법·납품단가연동제·금리폭리방지법 개정안도 시장경제 훼손과 현금 퍼주기가 그 내용의 골자다. 집권 5년 동안 나랏빚을 400조 원 넘게 폭증시키고도 여전히 공짜처럼 퍼주기 일색이다. 어떤 나라를 만들겠다는 것인가.

　셋째는 비밀이 유지될 수 있다는 착각이다. 비밀은 존재하지 않는다.

모든 것은 결국 다 드러난다. 아무도 모를 것이라고 착각할 뿐이다. 대통령기록관 자료도 결국 밝혀지고 은밀하게 주고받는 문자 대화도 모두 드러나며 대통령의 일거수일투족도 실시간으로 공개된다. 지난달 21일(현지시간) 윤 대통령이 유엔 총회의장을 나서며 무심코 던진 "국회에서 이 ○○들이 승인 안 해주면 ○○○ 쪽팔려서 어떡하나"라는 말의 여파는 비밀에 대한 무심함이 빚어낸 해프닝(happening)이다. 적절치 못한 언급이라는 지적에 이견이 있을 수 없다. 그렇다고 논란을 확대 재생산해서는 안 된다. 우리 대통령을 공격하며 미국 의회와 대통령을 깎아내리는 것이 국익에 무슨 도움이 되는가. 정쟁도 국익의 틀 안에서 해야 한다. 국격은 깎이고 국민은 쪽팔리지 않는가.

자신만의 생각을 정답으로 여기고 공짜를 바라는 심리를 자극하며 뒷일은 나 몰라라 하는 행태에 비밀이 보장된다는 오판이 더해져서 온갖 부정적 작태가 행해지고 있다. 나라가 이러면 더 나은 미래를 기대할 수 있겠는가. 정답·공짜·비밀에 대한 착각 현상은 사회를 피폐화시킨다. 문제는 이러한 상황을 정치판이 조장한다는 것이다.

27. 싸가지론
〈싸가지 있는 민족이 왜 이러나?〉

20220905

> 인(仁)·의(義)·예(禮)·지(智) 네 가지의 덕목이 사(四)가지, 즉 '싸가지'다. 싸가지가 없어서 신뢰(信賴)할 수 없을 때 "싸가지 없다"고 말한다. "싸가지 없다"는 인·의·예·지의 부재로 믿음이 가지 않는 사람의 미래에 대한 불길한 조짐을 적시하는 말이다.

필자는 오래전에 건설 분야 기술직 공무원으로 공직에 입문하여 당시 만연하던 기술직 천시(賤視) 풍토를 극복하기 위해 까칠한 논리로 상대를 제압하는 방식으로 일에 매진했었다. 급기야 주변 사람들과의 관계가 악화되면서 "얘는 좀 똑똑한 것 같은데… 싸가지가 없어!"라는 말을 듣게 되었다. 자신이 합리적이라고 생각했던 필자는 억울함을 참지 못하고 "나는 결코 싸가지가 없는 사람이 아니다."라는 입장을 여러 차례 표명했지만 사태만 더욱 악화될 뿐이었다. 이때 체득한 교훈은 사람이 함께 하는 곳이라면 옳고 그름이나 합리성 여부에 관계없이 '싸가지' 문제가 늘 존재하고, 상황에 따라서는 능력보다 훨씬 더 중요하게 고려된다는 것이었다. 분통을 터뜨리기에 앞서 "싸가지 없다"는 말을 듣지 않도록 사려 깊게 판단하고 신중하게 행동해야 한다는 것이었다.

'싸가지'는 막 움트는 싹인 '싹수'의 방언으로 미래에 대한 부정적 징후를 일컫는 말이다. 또 다른 의미는 동양적 사유의 근간인 오행론(五行論)에 따라 목·금·화·수·토(木·金·火·水·土)를 동·서·남·북·중앙의 오방(五方)과 사람의 다섯 가지 성정(性情)인 인·의·예·지·신(仁·義·禮·智·信)에 각각 연관시키면서 비롯되었다. 이에 따르면 인·의·예·지의 네 가지 덕목(德目)이 사(四)가지, 즉 '싸가지'이고 싸가지가 없어서 신뢰(信賴)할 수 없을 때 "싸가지 없다"고 말한다. 결국 "싸가지 없다"는 인·의·예·지의 부재로 좀처럼 믿음이 가지 않는 사람의 미래에 대한 불길한 조짐을 적시하는 말이다.

선조들은 인·의·예·지를 표방하며 서울 4대문을 건립하였다. 목(木)은 동방(東方)과 인(仁)에 부합하므로 어진 마음을 일으키라는 의미에서 동쪽에 흥인문(興仁門)을 세웠다. 금(金)은 서쪽으로 의(義)에 해당하기 때문에 서대문을 돈의문(敦義門)이라고 칭하여 두터운 의를 촉구했다. 화(火)는 남쪽이고 예(禮)를 뜻하므로 남대문을 숭례문(崇禮門)으로 부르며 예의 범절의 숭상을 독려하였다. 수(水)는 북쪽을 의미하고 지(智)를 상징하므로 북문을 홍지문(弘智門)으로 명명하여 넓은 지혜를 추구했다. 토(土)는 목·화·금·수(木·火·金·水)의 균형적 배분 상태로서 가운데와 믿음(信)을 뜻하므로 4대문의 중심에 보신각(普信閣)을 세워 신뢰를 강조했다. 4대문의 중심에서 울려 퍼지는 보신각 종소리는 인·의·예·지(仁·義·禮·智)를 기반으로 굳건한 신뢰를 구축하라는 메시지(message)인 것이다.

서울은 인·의가 균형을 이루고 예·지가 서로를 보완하여 신뢰를 구축한다는 철학을 바탕으로 조성되었다. 이러한 서울에서 전개되는 우리나라 정치판에 '싸가지론'이 대두되고 있다. 국정 운영의 한 축을 감당해야 할 집권당은 자중지란으로 통합과 공생의 가치를 상실했다. 6개월 당원권 정지로 당대표에서 축출된 이준석과의 싸움이 막장으로 치달으면서 당의 정치 문제를 법원이 판단하는 사태가 빚어진 상황에서도 해결의 리더십은 보이지 않는다.

이준석 전(前) 국민의힘 대표는 문제의 빌미를 제공한 자신을 성찰하지 않고 법원에 가처분 소송을 제기하여 일부가 인용되자 정의 구현의 주체인 것처럼 행동하고 있다. 대통령을 '양두구육', '신군부', '절대자', 영화 '글래디에이터'에서 비열한 짓도 서슴지 않는 로마 황제에 빗대며 조롱하기도 했다. 이쯤이면 금도를 넘어선 것 아닌가? 상대방 가슴에 비수를 꽂는 날 선 발언은 사람을 떠나보내고 인간관계를 피폐화시킨다. 싸움에서 지면 설 자리를 잃고 이긴다고 해도 실추된 위상을 회복한다는 명분에 적개심을 얹어서 더 거칠게 몰아붙이는 세력을 맞이해야 한다. 결국 재승박덕(才勝薄德)은 파멸의 지름길이 된다.

민주당은 대표로 등극한 이재명 의원의 사법 리스크를 덜어주기 위해 팬덤 지지층의 압력과 후원에 힘입어 도덕성의 상징인 당헌 80조를 개정했다. 동 조항은 2015년 당시 소속 의원 30여 명이 검경 수사를 받는 상황에서도 이듬해 총선에서 윤리적 우위를 확보하기 위해 마련한 혁신적 조치였다. 개정안에 문제가 있다고 판단되어 당중앙위원회에서 일차 부결됐는데도 일사부재의(一事不再議) 원칙을 어기면서까지 재상정하여 가까스로 통과시킨 행태는 참으로 궁색해 보인다. 지난해 4월 서울·부산시장 보궐선거에서 무공천 원칙이 담긴 당헌을 고치는 꼼수를 썼다가 역풍을 맞고도 같은 행태를 반복하는 것을 보면 국민을 바보로 아는 것 같다.

우리 정치 마당은 좀처럼 미덥지 않다. 싸가지가 없기 때문이다. 어느 쪽이 더 싸가지 없는지는 국민이 판단한다. 자신의 과오는 덮고 버거운 현실은 상대방 탓으로 돌리며 과실만 따 먹으려는 행태는 싸가지가 없는 짓이다. 능력은 좋은 품성으로 뒷받침될 때 빛난다. 얄팍한 재주만 믿고 설치면 세력을 잃고 활동의 장(場)도 사라진다. 결국 남는 것은 암흑 속의 가시밭길이다.

28. 언어 리스크(words' risk)와 이청득심(以聽得心)　　20220808
〈'아' 다르고 '어' 다른 것이 말이다〉

> 언어 리스크는 신중하지 못한 발언이나 왜곡되어 전달된 말에 기인한다. 정치인은 말의 바다에 떠있는 작은 조각배처럼 보인다. 언어 리스크의 파도에 한 번 치이면 정치생명이 끝날 수도 있다. 언어 리스크 관리의 중요성은 아무리 강조해도 지나침이 없다.

　정치 마당은 말의 전쟁터다. 화려한 미사여구와 웅변적 수사 그리고 가시 돋친 말들이 난무한다. 말이 많다 보니 말하는 사람의 의도와 듣는 이의 이해 사이에 심각한 격차가 발생하면서 갈등이 빚어진다. 말로 생각을 다 전할 수 없고(言不盡意), 듣는 사람 또한 내 말에 귀를 기울이기보다는 듣고 싶은 얘기만 듣기 때문이다. 말에는 항상 뒤끝이 있다. 내가 한 말 중에서 나에게 위해가 되어 되돌아오는 말의 예리한 뒤끝이 '언어 리스크(words' risk)'다.

　언어 리스크는 신중하지 못한 발언이나 왜곡되어 전달된 말 때문에 생긴다. 말로 인해 파란을 겪는 정치판을 보노라면 정치인은 말의 바다에 떠있는 작은 조각배처럼 위태로워 보인다. 언어 리스크의 파도에 한 번 치이면 정치생명이 끝날 수도 있는 아슬아슬한 존재로 비친다. 언어 리스크의 부정적 영향을 최소화하면서 말의 긍정적 효과를 극대화하는 노력의 중요성은 아무리 강조해도 지나침이 없을 것 같다.

윤석열 대통령의 '출근길 소통'은 다소 투박한 면이 있지만 취재진과 직접 소통하는 모습에서 참신함이 돋보인다. 신년 회견을 비롯해 몇 차례만 국민의 질문을 받던 청와대 시대와 확연히 다르다. 최근 이러한 소통이 구설수에 오르면서 대통령에 대한 긍정 평가는 20%대 후반으로 떨어지고 부정적 의견이 60%를 상회했다. 한국갤럽에 따르면 지지율 저하의 이유는 인사문제(21%)와 경제·민생(8%) 그리고 경험·자질부족 무능(8%) 때문이라고 한다. 이러한 원인과 별개로 언어 리스크 측면에서 사태를 조망해 본다.

윤 대통령은 열심히 일에 매진해 왔다. 한미동맹·규제완화·공기업개혁 방향을 설정했고 원전 복구에 착수했으며 전 정권의 북한 유화 정책이 초래한 부당성을 드러냈다. 반기업적 제도의 시정과 세제 합리화를 추진하고 있으며 반도체 초강국 실현을 준비하고 있다. 국제무대에서 자신 있게 역할을 수행하는 모습을 보여줬고 비상한 관심과 인내로 대우조선 하청업체 파업도 해결했다. 긍정적 노력에도 불구하고 윤 대통령은 정제되지 않은 말투로 국민의 심기를 손상시켜 지지율 저하를 가속시켰다.

인사 비판 관련, "과거에는 민변 출신들이 도배를 하지 않았나?"라고 답했다. 만약 "능력 위주로 발탁했지만 국민 눈높이에 부합하지 못해서

송구합니다. 기회를 주시면 부족함을 의식해서라도 더 열심히 하지 않겠습니까? 지켜봐 주십시오."라고 말했다면 어땠을까? 국민은 잘못을 인정하지 않고 전 정권과 비교하며 책임을 회피하는 모습을 싫어한 것 같다. "대통령 처음 해 봐서…."라는 말은 어떤가? 제2부속실 대신 새로운 시스템을 모색하면서 갖게 된 복잡한 심경을 표현한 유머로 생각할 수도 있지만 겸손함이 배어있지 않아서 무책임하고 오만한 태도로 비쳤다.

지지율 하락에 대해서 "…별로 의미가 없는 것이고…."라고 말했다. 지지율이 국정평가의 절대기준은 아니지만 급속한 추락은 잘못되고 있다는 경고다. 욕을 먹어도 필요한 개혁은 하겠다는 의지의 표명으로 간주할 수도 있겠지만 "별 의미가 없다."는 말은 독선적으로 들린다. 당분간 선거가 없으니 신경 쓰지 않겠다는 말로 들린다. 지난 6월 20일에는 경제 위기에 대처할 근본적 방도가 없다고 솔직하게 토로했다. 이러한 고백은 국민의 용기를 꺾었다. 어려운 현실을 모르는 국민이 있겠는가. "스스로 앞장서겠으니 함께 극복하자"라고 말했다면 국민은 힘을 얻었을 것이다. IMF 위기도 극복해 낸 저력 있는 국민이 아닌가? 대통령실 '사적 채용'에 대해서 모 의원은 자신이 추천했다면서 "7급에 넣어줄 줄 알았는데 9급에 넣었더라. 월급이 적어서 미안하더라."라고 말했다. 9급 공무원 시험을 준비하는 수많은 젊은이의 사기를 꺾기에 부족함이 없는 표현이다.

상대를 배려하지 않는 말은 날 선 도끼와 다름없다. 사람을 위협하는 도끼와 같은 말이 리스크 근원이다. 어떻게 하면 언어 리스크를 줄일 수 있는가? 많이 듣고 적게 말해야 한다. 상대가 듣고 싶어 하는 말에 내 생각을 담아 겸손하게 표현해야 한다. 이러한 관점을 공자(孔子)는 '논어 위정편(論語 爲政篇)'에서 "많이 듣고 나서 의심스러운 부분은 덜어내고 나머지를 조심스럽게 말하면 허물이 적다(多聞闕疑 慎言其餘 則寡尤: 다문궐의 신언기여 즉과우)"라는 말로 피력했다.

이청득심(以聽得心)이다. 들어야 마음을 얻을 수 있다. 누구든지 자기에게 관심을 가져주는 사람을 좋아한다. 국민도 다르지 않다. 관심은 듣는 것에서 시작된다. 정부건물을 말하는 '청(廳)'은 '집'을 뜻하는 엄호(广)부와 '듣는다'는 의미의 청(聽)이 합해진 글자다. 들어야 하는 집이다. 늘 국민의 소리를 들어야 한다. 들으면 마음을 얻을 수 있고, 마음을 얻으면 세상을 바꿀 수 있다.

29. 물극필반(物極必反)과 지기식세(知機識勢) 20220708.
〈변화의 본질과 대처방안〉

> 물극필반은 긍정적 상황이든 부정적 여건이건 반전에 대비하기 위해 변화를 통찰하라는 경고의 메시지다. 산 정상에서는 어디로 가든 내리막길이므로 교만함과 성급함을 경계해야 한다. 골짜기 아래에서는 어느 방향이든 오르막이므로 반성하며 인내해야 한다.

변화 현상은 참으로 다양하지만 변화 법칙은 지극히 단순하다. 극(極)에 이르면 필히 반전(反轉)한다는 뜻의 '물극필반(物極必反)'이라는 말 한마디로 그 본질을 규명할 수 있기 때문이다. 반전은 과거 상황으로 회귀하는 것이 아니다. 그 양상(樣相)은 나선 계단을 오르는 것과 같아서 위에서 보면 한 바퀴 돌아 제자리로 돌아가는 것 같지만 옆에서 바라보면 한 단계 더 높이 진행하는 모습이다. 변증법을 주창한 헤겔(Hegel)의 정반합(正反合) 원리와 다르지 않다.

물극필반은 긍정적 상황이든 부정적 여건이건 반전에 대비하기 위해 변화를 통찰하라는 경고의 메시지다. 바람직한 현실에서는 변화를 지연시키고 암담한 형편에서는 촉발하라는 것이다. 산 정상에서는 어디로 가든 내리막길이므로 겸허한 마음으로 교만함과 성급함을 경계해야 한다.

골짜기 아래로 추락해 있는 것이 현실이라면 어느 방향으로 가든 오르막길이므로 반성하며 인내해야 한다. 꽃은 만개하지 않고 달은 차지 않도록 (花未盡開月未圓:화미진개월미원) 자제하면서도 불가피하게 다가오는 만개(滿開)와 만월(滿月)의 시기 이전에 생각과 행동을 바꿔서 반전에 대비해야 한다.

2018년 지방선거와 2020년 총선에서 〈더불어민주당〉의 파란색으로 물들었던 전국 지도가 불과 4년 만에 〈국민의힘〉의 붉은색으로 바뀌는 것을 보며 물극필반의 현실을 절감한다. 2017년 대선과 2018년 지방선거 승리에 이어 2020년 총선의 대승으로 정점을 찍으며 20년 집권을 표방하던 민주당은 민심의 냉혹함을 체험했다. 지난해 재·보선과 금년 대선에 이어 지방선거까지 3차례 모두 패배했지 않은가.

패배의 극적 요인은 무엇인가? 첫째는 섣부른 원전 폐기와 징벌적인 부동산 정책 그리고 소상공인 지원 등에서 나타난 실패와 무능이다. 둘째는 시대착오적 인식에서 비롯된 '내로남불'과 '도덕적 해이(moral hazard)'이고, 셋째는 대선 패배 이후에도 '졌잘싸(졌지만 잘싸웠다)'를 표방하며 검수완박(검찰수사권 완전박탈) 입법을 강행했다. 패배의 주역들이 지방선거 전면에 나서서 팬덤 정치를 조장하며 오만함을 드러냈다. 최근에는 월북 시도로 결론 난 '서해 공무원 피살사건'에 이의가 제기되면서 민주당 지도부 인사들이 사실 여부를 규명하기 위해 정보공개를 청구한 유족의 비통한 마음을 외면하고, '아무것도 아닌 일', '북한에게 사과받았으니 끝난 것', '이게 뭐 그리 중요한가?'라고 말하는 것을 보았다. "사람이 먼저다"를 외치던 정부의 집권 여당 출신이 맞는가. 국민의 생명과 안전을 지키는 것이 국가의 존립 이유라는 것을 모르고 하는 말인가. 이 말이 진심이라면 민주당은 유권자의 신뢰를 회복하기 어려울 것 같다.

〈국민의힘〉은 어떠한가. 자체 역량이나 노력보다는 반사 이익을 얻어 선거에서 이겼다는 사실을 외면하고 있다. 힘을 실어준 국민에게 감동을 주는 모습은 전혀 보여주지 못하고 집 안의 세력 다툼에 매진하고 있다. 집권 이후에 정상 궤도로 진입하는 과정에서 발생하는 일시적 요동 현상이 아니라면 머지않아 이번 체험한 반전의 반전을 경험할 것이다.

정권 교체 후에 목격하는 또 다른 반전 상황은 무엇인가? 기존 인사들이 썰물처럼 빠져나간 정부 기관의 요직을 새로운 사람들이 밀물처럼 들어와 채우고 있다. 탈원전 방침은 원전의 적극적 육성으로 바뀌었고 부동산과 세제를 포함하는 핵심 정책이 대폭 수정되고 있다. 지난 정권에서 세상을 쥐락펴락하던 실세들의 행로 또한 순탄하지 않을 것 같다. 새로 출범한 정권에서도 향후 유사 상황에서 등장할 예비스타가 성장하고 있을 것이다. 권력과 인간의 본질은 변하지 않기 때문이다.

지혜의 보고인 주역(周易)은 물극필반에 대처하기 위해 지기식세(知機識勢)가 필요하다고 강조한다. 지기(知機)는 조짐과 기미(幾微)를 살펴 변화를 감지하는 것이고, 식세(識勢)는 세(勢)를 간파하는 것이다. 세(勢)는 기세(氣勢)·위세(威勢)·권세(權勢)·시세(時勢)·정세(情勢)·실세(實勢)를 말한다.

Ⅰ. 세상과 현실을 보는 눈

기세에 눌려 기죽어서는 안 되지만 이를 믿고 호기를 부려도 안 된다. 위세에 주눅 들어 아부하면 안 되지만 이를 무시하고 객기를 부려서도 안 된다. 권세는 두려워할 필요도 외면할 이유도 없다. 기세에 매몰되면 본분을 잃고 위세를 무시하면 화를 당하며 권세를 외면하면 고립되기 때문이다. 시세를 타지 못해도 안 되고 정세를 착각해서도 안 된다. 실세는 무시해도 안 되고 몰라서도 안 된다. 시세를 놓치면 뜻을 잃고 정세를 오판하면 실수를 범하고 실세를 모르면 일을 도모할 수 없기 때문이다.

　세의 흐름을 타면서 균형을 잃지 말라는 것이다. 욕심과 과오로 균형을 잃으면 파멸한다. 파멸하면 국가·사회에 폐를 끼치고 자신을 믿고 의지한 사람에게는 좌절감을 안겨준다. 자신을 신뢰하는 사람을 실망시키는 것보다 더 고통스러운 일이 또 있을까.

30. 중대재해처벌법의 과학과 진실　　　20220608
〈윤 대통령 취임사의 키워드 '과학'으로 조망한 중대재해법〉

> 과학적 접근은 가치를 배제한(value-free) 객관적 사실을 근거로 설정한 가설을 실험적으로 검증하여 그 정당성을 입증하는 것이다. 과학은 현실에 대한 객관적 이해를 기반으로 모두가 수긍할 수 있는 실체적 진실을 규명하기 위해 존재하는 사고영역이다.

　5월 10일 윤석열 대통령은 취임사를 통해 견해가 다른 사람들의 입장을 조정하고 서로 타협하기 위해서는 과학과 진실이 전제되어야 한다고 언급했다. 보고 듣고 싶은 사실만을 선택하거나 다수의 힘으로 상대의 의견을 억압하는 행태를 '반지성주의'라고 비판했다. 과학에 기반을 두고 소통하며 진실을 향해 나아가는 것이 반지성주의를 극복하는 대안이라고 강조한 것이다.

　과학에 기반을 둔다는 것이 무엇인가. 진실은 어떻게 규명돼야 하는가. 과학적 접근은 가치를 배제한(value-free) 객관적 사실을 근거로 가설을 설정하고 실험적으로 검증하여 그 정당성을 입증하는 것이다. 입증된 가설이 기존의 지식 체계와 모순되지 않는다는 것을 밝혀내는 일련의 과정이다. 과학은 현실에 대한 객관적 이해를 기반으로 모두가 수긍할 수 있는 실체적 진실을 규명하기 위해 존재하는 사고영역이다.

우리나라 핵심 정책은 어느 정도 과학에 기반을 두고 시행되었는가? 코로나19 대응은 정치적이었는가 아니면 과학 방역이었는가. 내 집 마련이나 주거 상향과 같은 인간적 욕구를 무시하고 유주택자와 특정 지역 거주자에게 징벌적 정책을 부과한 결과, 오히려 집값을 폭등시키고 전월세 시장을 교란시킨 부동산 대책은 객관적 사실에 입각한 진실한 접근이었는가. 윤석열 정부가 과학과 진실에 기반을 두고 현실을 조망한다면 적지 않은 정책의 대폭적 수정이 불가피할 것 같다. 그럼에도 필자는 경제가 곧 안보인 현실에서 우리 산업 발전의 심각한 걸림돌이 되고있는 '중대재해처벌법'의 개정이 시급하다고 생각한다.

금년 1월 27일부로 시행되어 경영책임자에게 1년 이상의 징역 또는 10억 원 이하의 벌금을 부과할 수 있도록 규정하고 있는 중대재해처벌법 제정의 가설은 "경영책임자를 무겁게 처벌하면 사망사고가 획기적으로 감소한다."는 것이다. 그동안 전개된 상황에서 이 가설은 검증됐는가. 인간적 행태를 포함하는 산업 현장을 대상으로 연구실에서 이루어지는 정밀한 실험을 할 수는 없다. 동법 시행 이후 5개월째인 현시점에서 그간 발생한 중대재해를 임상적 실험 결과로 볼 수는 있을 것이다.

지난달 5일 고용노동부는 최근 3개월간의 산재사고 사망자는 157명으로 지난해 같은 기간의 165명 대비 8명이 감소했다고 발표했다. 아울러 산업안전정책은 예방과 지원에 중심을 두고 산업 재해가 일어나는 것을 막기 위한 것이므로 기업에게 재해 예방에 더 많은 관심과 노력을 부탁한다는 원론적 입장을 표명했다.

경영계는 법 시행 이후부터 4월 29일까지 57건(65명)의 중대재해가 발생했고 법 적용 대상인 50인 이상의 제조업에서는 작년의 같은 분기 19명에서 31명으로 오히려 사망자가 늘었다면서 불명확한 규정으로 인해 현장에서 혼란이 가중되고 경영활동이 위축된다고 토로했다. 또한 법을 개정하기 위해서는 적지 않은 시간이 소요되므로 우선 현장 혼란을 수습할 수 있도록 시행령부터 개정해 줄 것을 촉구했다. 아울러 재해의 원인과 책임소재를 명확히 규명할 수 없는 현실에서 처벌 중심의 법으로는 재해감소 효과를 도모할 수 없는 반면, 경영환경을 위축시켜서 산업 경쟁력 제고에 부정적 영향만을 초래하므로 예방 중심의 안전관리 시스템을 확보하는 방향으로 법을 개정해야 한다고 주장하고 있다.

노동계는 경영계의 이러한 요구를 헌법상 보장된 국민의 생명권을 전면적으로 부정하는 처사라고 비난했다. 사망사고는 기업의 방만한 안전 보건 경영으로 인해 발생하는 반면, 경영자와 법인의 비협조적 태도로 인해 수사가 지연되고 있다면서 기업이 재해 예방보다는 처벌 회피에만 급급해서 효과가 나타나지 못하는 것이라는 입장을 제기했다. 시민단체 또한 노동자들이 안전사고로 목숨을 잃고 있는 현실에서 법을 개정하는 것은 경영자에게 책임을 면제해 주는 조치라며 반발하고 있다.

사망자 수는 소폭 줄었지만 통계적으로 유의미한 결과는 아닌 것 같다. 또한 지난달 20일 에쓰오일 울산공장의 화재로 1명이 사망하고 9명이 부상을 당하는 등 여전히 노동자들은 위기에 처해 있다. 결국 중대재해처벌법은 기대 효과를 얻지 못하고 노동계와 경영계 사이의 갈등만 증폭시키는 결과를 초래했다. 동 법 제정의 가설은 타당하지 않은 것으로 판명된 것이다. 이제 산업 재해를 획기적으로 감소시키면서 경영자가 본연의 업무에 충실할 수 있는 대안을 모색하기 위해 객관적인 사실의 파악부터 다시 이루어져야 한다. 사실의 이면에 불투명하거나 미심쩍은 사안이 내재되어 있다면 과감히 들춰내고 규명하여 실체적 진실에 한층 더 가까이 접근해야 한다. 완벽한 객관성을 기대할 수는 없지만 어떤 경우에도 신념이 사실을 앞서서는 안 된다. 동일한 사실에 대한 판단의 차이로 발생하는 갈등은 조정·타협이 가능하다. 그러나 사실을 달리 인식하거나 호도한다면 큰 문제가 아닐 수 없다.

31. 집단사고의 병폐
〈함께 무모해지는 정치상황〉

20220506

> 집단사고는 응집력이 강한 집단이 소통상의 결함을 가진 상태에서 외부의 비난을 받거나 성과를 조속히 달성해야 하는 급박한 현실에서 유대를 강화하고 이탈자를 단속하기 위해 자기편은 무조건 옹호하고 상대 집단은 배격하는 현상을 초래한다.

　국가사회의 중요한 문제는 모두 집단에 의해 다루어진다. 문제를 해결하기 위해서는 전문지식이 융합된 집합적 관점이 필요하고, 대안을 선택하는 과정에서 결과에 직·간접적 영향을 받는 사람들의 이해관계를 반영하지 않으면 안 되기 때문이다. 집단적 해결의 효용은 개인의 편견을 중화시키고 다양한 의견을 상호작용 시켜서 탁월한 집단지성을 발휘할 수 있다는 것이다. 그러나 집단의 폐해가 숨이 막힐 정도로 심각한 작금의 현실에서 이러한 생각은 무의미한 것 같다.

　개인은 양심적일 수 있지만 집단이 도덕적일 수는 없는 것 같다. 자기 이익을 희생하면서 양심을 지키는 개인은 적지 않은 반면, 실리나 명분을 양보하는 집단은 찾아보기 어렵다. 특히 소수의 세력이 야합하여 자신들의 의도를 집단 전체의 목표로 포장하는 기만을 행하면 집단사고의 병폐는 한층 더 심각해진다.

'집단사고(group-think)'는 미국의 심리학자 제니스(Irving Janis)가 조지오웰(George Orwell)의 소설 '1984'에서 차용한 용어다. 집단사고는 응집력이 강한 집단이 소통상의 결함을 가진 상태에서 외부의 비난을 받거나 성과를 조속히 달성해야 하는 급박한 현실에 직면하면 이의 제기나 대안 제시를 터부시하는 분위기가 조성되면서 구성원들이 불합리한 집단 의사를 따르게 되어 결과적으로는 파국으로 치닫는 현상을 말한다. 이러한 상황에서 유대를 강화하고 이탈자를 단속하기 위해 다른 집단과의 갈등을 조장하면 자기편은 무조건 옹호하고 상대 집단은 배격하게 된다. 중국 후한서(後漢書)의 당동전(黨同傳)은 이러한 행태를 '당동벌이(黨同伐異)'로 표현하며 당시 환관과 외척 그리고 선비들 사이에서 빚어진 정치적 알력의 심각성을 적시하고 있다.

　검수완박(검찰수사권 완전박탈)의 입법 강행으로 뜨겁게 달궈졌던 지난 4월의 정국에서 우리는 소통 결함을 지닌 집단들이 무리를 지어(黨同) 상대를 배척하는(伐異) 현상을 목격했다. 더불어민주당은 4월 15일 놀라운 단결력을 발휘하여 소속 의원 전원(172명)이 검찰청법과 형사소송법 개정안을 공동 발의했다. 개정안의 핵심은 검·경수사권 조정 이후 검찰에 남겨진 6대 범죄(부패·경제·공직자·선거·방위산업·대형참사)에 대한 수사권도 경찰로 넘기고 경찰 송치 사건에 대한 보완 수사권도 제한한다는 것이다. 법안 개정이 심각한 반대에 직면하면서 국회의장은 6대 범죄를 부패와 경제의 2개로 축소하는 중재안을 제시했다. 4월 22일 양당의 원내대표가 합의했지만 불과 사흘 만에 '검수야합'이라는 거센 비난을 받으면서 국민의힘은 합의를 철회했고 민주당은 단독처리를 강행했다. 이 과정에서 민주당은 지금 아니면 못 한다는 입장만을 강조했을 뿐, 왜 이것이 최우선 과제인지는 설명하지 못했다. 국민의힘은 정치인 범죄 수사를 불가능하게 하는 개정안에 동조했다는 비난을 면치 못했다.

우리나라 형사사법 체계의 근간을 뒤흔드는 법안을 토론회·공청회 절차도 없이 정권 이양일(5월 10일) 이전에 통과시키겠다고 군사작전 하듯이 밀어붙이면서 위장탈당·꼼수사보임·부실심사·회기쪼개기 등을 자행하는 행태를 법조계·시민단체·학계는 일제히 비난했다. 사법기관인 대법원 행정처는 물론 민주당 소속의 일부 의원들도 반대를 표명했다. 검찰개혁을 지지하는 참여연대와 민변도 제동을 걸었다. 경제협력개발기구(OECD) 산하의 반부패 기구도 한국의 부패·뇌물 범죄 수사역량의 약화에 대한 우려를 전해 왔다.

누가 범죄 천국을 바라고 검찰 공화국을 원하겠는가. 국민은 독립성과 중립성을 지키는 검찰을 고대하고 있다. 그럼에도 수사권을 어디로 넘길지도 정하지 않고 비대해진 경찰 권한의 견제 방안도 마련하지 않은 채, 법부터 개정하는 행위는 도저히 이해할 수 없다. 선량한 국민의 피해가 빤히 보인다고 하지 않는가. 왜 그렇게 반대하는 기관과 사람이 많은지 곱씹어 보고 국민을 상대로 차근차근 설명하는 과정을 거쳤어야 했다. 검수완박의 연관어(couple word)가 '부패완판'이기 때문에 더욱 그렇다.

우리나라 정당법(제2조)은 '정당'을 국민의 이익을 위해 책임 있는 정치적 주장이나 정책을 추진하는 존재로 명시하고 있다. 정당은 당의 결정을 옹호하는 지지자만을 위해 존재하는 것이 아니다. 존재 의미를 간과하고 자기 안위와 정치적 야심을 추구하기 위해 이전투구 하는 정치인을 지켜보는 국민은 참으로 화가 난다. 다수 국민이 말이 없다고 생각조차 없는 것으로 아는가. 자신의 주장을 정당화하기 위해 무슨 미사여구를 동원하더라도 상식적으로 판단하면 누구나 다 그 이유를 알 수 있다. 정치인이 살기 좋은 이 나라에서 국민 노릇 해 먹기가 무척이나 힘든 것 같다. 국민을 이기는 정치가 있다고 생각하는가. 국회에 의한 검찰 개혁보다 더 절실한 것은 국민에 의한 국회와 정당의 탈바꿈인 것 같다.

Ⅱ.
경영과 사람을 생각하는 마음

32. 결과지향(outcome-oriented) vs. 과정지향(process-oriented) 20220408
〈국민을 정부 정책의 공범으로 만들어라〉

> 과정지향적 접근은 국민을 정책결정 과정에 참여시켜서 그 과정결과에 대한 이해만족감을 공유하는 방법이다. 긍정적 결실을 거두면 국민은 정책동반자가 된다. 부정적 결과를 초래하면 과정에 참여한 국민은 공범이 된다. 국민의 비난과 지탄은 따르지 않을 것이다.

논어(論語) 안연(顏淵)편에 정치 관련 문답이 나온다. 공자(孔子)는 "식량을 풍족히 하고(足食), 병력을 충족하며(足兵), 국민의 신뢰를 얻는 것(民信之矣)"이 정치라고 말한다. "부득이 하나를 버린다면 무엇이냐?"는 자공(子貢)의 질문에 '병력'이라고 답한다. "나머지 둘 중 하나를 포기한다면 무엇이냐?"는 추가 질의에 공자는 '식량'이라고 대답하며 "죽음은 누구나 겪는 것이지만 나라는 국민의 신뢰 없이 존립할 수 없다.(民無信不立)"는 입장을 피력한다. 어느 하나도 소홀히 해서는 안 되지만 그래도 신뢰를 가장 중시했다. 신뢰는 국가가 국민과 한 약속을 차질 없이 이행할 때 형성된다. 우리의 정치 현실에서 국민 신뢰만큼 중요한 것이 또 있겠는가.

윤석열 대통령 당선인은 국민과의 소통을 강화하기 위해 구중궁궐과 같은 청와대를 벗어나 제왕적 권위를 탈피하고 청와대 부지를 취임

당일인 5월 10일부터 국민에게 개방하겠다고 약속했다. 약속을 이행하기 위해 청와대 집무실을 용산의 국방부 청사로 이전하겠다는 입장도 밝혔다. 당초 제시된 광화문 청사는 최소한의 경호 조치에도 인근 시민에게 거의 재앙에 가까운 불편을 안겨줄 우려가 있는 반면, 용산의 국방부와 합참 지역은 경호에 따른 시민 불편이 거의 없고 안보 인프라도 잘 구비되어 있다는 이유도 덧붙였다.

윤 당선인의 결단은 갈등과 논란을 불러일으켰다. 당장 사무 공간을 내줘야 하는 국방부도 당혹스러운 분위기다. 수십 년에 걸쳐 국방부에서 주로 군사시설의 건설·이전에 주력해 왔던 필자도 해당 업무의 본거지가 이전된다고 생각하니 당황스럽기는 매일반이다. 한편 정치권에서는 북한의 핵·미사일 위협이 고조되는 현실에서 집무실 이전의 무리한 추진은 안보 공백을 초래한다며 속도 조절을 요구하고 있다. 그러나 윤 당선인 입장은 확고하다. 일단 청와대에 들어가면 역대 대통령 당선인들이 그랬듯이 다시 나오지 못하게 되어 첫 공약(公約)부터 공약(空約)이 된다는 두려움을 느끼지 않았는가 싶다. 약속 이행은 신뢰 형성의 기반이다. 적지 않은 어려움이 있겠지만 국민에게 천명했으니 차질 없이 이행하고 결과로써 답해야 한다.

그러나 '소통'을 명분으로 하는 집무실 이전 과정이 '불통'이라는 비난을 면하기는 어렵다. 당선인으로 확정된 이후에 비로소 사태의 심각성을 깨달았고 다소 무리가 따르겠지만 약속은 꼭 지키겠다는 결단을 내린 것이라고 말할 수 있을 것이다. 그래도 일방적 결정을 서둘러 밀어붙이는 태도는 바람직하지 않다. 상식적 관점이지만 경영 의사결정론에서 이러한 방식을 '결과지향적(outcome-oriented)'이라고 표현한다. 이러한 폐쇄적 방식을 지양하고 소통을 전제로 하는 '과정 지향적(process-oriented)' 접근으로 의사결정 패러다임을 전환해야 한다고 생각한다.

결과 지향적 방식은 문제를 가장 잘 이해하고 있는 소수 엘리트들이 주도적으로 대책을 마련하여 시행하는 방식이다. 우리는 부동산 정책, 코로나19 방역 그리고 중대재해처벌법 제정 등을 통해 이러한 사례를 체험하였다. 결과는 어떠했는가. 시행 즉시 미처 고려하지 못한 각종 문제점이 노출되면서 국민이 감수해야 하는 불편과 피해가 가중되고 불만과 불평이 누적됐다.

과정 지향적 접근은 과정의 합리성 여부를 검증하여 결과의 적합성을 판단하는 방식이다. 결정의 배경·취지를 모르는 이해관계자에게 결과의 수락을 강요하기보다는 이들을 결정 과정에 직·간접적으로 참여시켜 합리적 절차에 따라 이의를 제기하도록 함으로써 결정의 과정과 결과에 대한 이해와 만족감을 공유하도록 하는 방법이다. 왜 과정 지향적이어야 하는가. 이해관계자가 과정의 합리성에 공감한다면 결과를 수긍하고 지지할 가능성이 높아지기 때문이다. 정권 교체로 새 정부 출범을 앞둔 작금의 현실은 그동안 과정을 간과하고 결과 이행만을 강요하는 상황이 반복되면서 정부와 정치권에 대한 국민 신뢰가 추락되어 빚어진 결과와 무관치 않다고 사료된다.

과정 지향적 자세를 견지하는 지도자는 어떠한 효과를 기대할 수 있는가? 첫째는 기존 지지자에게 확신을 심어주어 지지층을 더 공고히 할 수 있다는 것이다. 둘째는 정책에 대한 이해가 부족하여 관점을 달리하는 사람에게 절차의 타당성을 확인하도록 하여 찬성과 협조 분위기로 유도할 수 있다는 것이다. 셋째는 반대를 위한 반대를 하는 자에게 내용의 합리성과 절차의 정당성을 입증하여 그 저항을 무력화할 수 있다는 것이다.

과정 지향적 방식으로 긍정적 결실을 거두면 당연히 국민은 정책의 동반자가 된다. 부정적 결과를 초래하면 정책 입안자와 과정에 참여한 국민은 공범이 된다. 함께 한 일의 결과이므로 국민의 비난과 지탄은 따르지 않을 것이다. 경험을 통한 배움의 공유가 있을 뿐이다.

33. 전문가, 그 한계와 오류를 경계한다 20220310
〈경계 대상 1호, 전문가라는 사람들〉

> 전문가는 전문 분야에는 정통하지만 상황에 대한 종합적 시각을 결여하는 경우가 적지 않다. 전문 영역에서 벗어나면 초보자와 비슷한 능력을 보인다. 전문가는 "가능한 좁은 분야에 대하여 조금 더 많이 아는 사람"이다.

　전문가로 차고 넘치는 세상이다. 다양한 전문가가 언론 매체를 통해 코로나19 상황을 포함, 정치·경제·사회·문화 분야의 제반 이슈에 대해서 연일 의견을 피력하는 것을 보며 전문가 사회에 살고 있음을 실감한다. 전문가는 복잡한 정보를 신속히 처리하여 정확히 판단한다. 특히 자신이 경험한 분야에 대한 변화 예측에 탁월함을 보인다. 그렇지만 전문가가 유발하는 오류와 폐단도 적지 않다. 전문가의 판단을 긍정적으로 활용하는 것 못지않게 그에 대한 경계도 게을리해서는 안 된다.

　첫째, 전문가는 자신의 전문 분야에는 정통하지만 상황에 대한 종합적 시각을 결여하는 경우가 적지 않다. 전문 영역에서 벗어나면 초보자와 비슷한 능력을 보인다. 왜 그러한가. 전문가는 "가능한 좁은 분야에 대하여 조금 더 많이 아는 사람(a man who knows more and more about less and less)"이기 때문이다. 따라서 전문가 판단을 참작해야 하는 경우 진술 내용과 전문 영역의 일치 여부를 꼭 확인해야 한다.

둘째, 주로 정치 현안을 언급하는 전문가들은 객관적 사실(facts)과 주관적 가치(values)를 마구 뒤섞어서 판단을 왜곡시킨다. 사실은 현상에 관한 객관적 진술로서 참(true)과 거짓(false)의 판명이 가능한 것인 반면, 가치는 "무엇이 가장 바람직한가?"에 관한 주관적 의견을 내포한다. 특정 정당을 대변하는 정치인의 가치적 주장이야 어쩔 수 없겠지만 객관적 입장을 요구받는 전문가가 육하원칙(六何原則)에 따른 사실의 언급과 주관적 해석 과정을 구분하지 않고 부분적 사실에 자신의 주관적 의견을 가미하고는 한다. 마음속에 미리 담아둔 결론을 정당화하기 위해 가치를 사실로 둔갑시키고 사실을 가치로 포장하기도 한다. 이들의 주장은 객관적 사실과 주관적 가치판단으로 구분하여 반드시 진위 여부를 확인해야 한다. 그렇게 하지 않으면 그릇된 판단의 희생양이 된다.

셋째, 전문가 자신이 편견에 사로잡혀서 유발하는 오류의 폐단도 적지 않다. 인지심리학자 트버스키(Tversky)와 카너먼(Kahneman)은 문제의 대표적 특성만으로 전체 상황을 규정하도록 유도하는 '대표성(representativeness)의 편견'을 적시한다. 물론 대표적 특징만을 고려해도 올바른 판단에 이를 수 있는 경우가 없지는 않다. 그러나 복잡다양한 작금의 현실에는 드러나지 않은 잠재적 문제들이 또 다른 위기 상황을 초래할 가능성이 농후하다.

코로나19의 문제를 살펴보자. 무엇을 대표적 특성으로 인지했는가. 정부는 '확진자 수 증가'로 이해하고 K - 방역의 기치 아래 코로나 확산을 방지하기 위해 적극적 통제 정책을 견지했다. 그러나 오미크론 변이의 출현으로 확진자 수가 기하급수적으로 증가하면서 불가피하게 필요 조치의 대부분을 자율에 맡기고 소극적 관리로 방침을 전환했다. 또한 3월 중으로 확진자 수가 정점에 이를 것이라는 전문가 의견을 피력하면서 오미크론을 독감과 같은 계절병으로 규정하려는 태도를 엿보이고 있다. 그러나 예상치 못했던 상황에 직면하고 보니 급증하는 재택 치료자 관리, 위·중증 환자 및 사망자 증가, 동거 가족의 조치, 영·유아 및 임산부 치료, 새 학기 시작에 따른 학교 방역 등의 심각한 문제가 드러나고 있다.

부동산 정책은 어떠했는가. 특정 지역의 투기 이익을 반드시 차단해야 한다는 열정적 가치관으로 무장한 일부 전문가가 시장의 메카니즘(mechanism)을 등한시했다. 결국 28차례의 정책적 헛발질로 국민에게 절망감만 안겨주었다.

금년 시행된 중대재해처벌법도 그냥 지나칠 수 없다. 이 법은 무겁게 처벌하면 겁이 나서라도 경영자가 안전에 투자하고 근무 여건을 개선할 것이라는 처벌 지향적 편견의 산물이다. 왜 중대재해 방지법이 아니고 처벌법인가. 법 취지에 부합하기 위해서는 지속적 처벌을 통해 범죄자를 양산해야 하는가. 이 법은 꼭 지켜야 할 규정과 위반 상황 그리고 책임자 범위를 명확히 제시하지 않고 있다. 처벌 사안의 명확성을 결여했다는 점에서 위헌요소를 내포한 과잉 입법으로 보인다.

끝으로 전문가 자신의 이해관계를 관철하기 위해 진실을 외면하는 동기(motivation)의 오류를 조심해야 한다. 전문가가 자신의 세력에 대한 견제를 거부하고 이익을 확장하려는 기득권 집단으로 변모하면 합리적 판단을 아예 언급하지 않거나 수정하여 제기하는 폐단을 유발할 수 있다.

이러한 한계와 오류의 우려에도 불구하고 다양한 전문가 의견을 수시로 청취하지 않으면 안 되는 여건에 있다. 어떻게 대처해야 하는가. 동일한 문제에 대해 서로 다른 결과를 제시하는 이유는 각 전문가가 판단 근거로 활용한 지식·정보의 유형과 내용이 다르기 때문이다. 따라서 판단 근거를 확인하고 비교·검증해야 한다. 최종 판단은 결국 우리 자신의 몫이다.

34. 건설사고, 양 끝을 두드려 보자!
〈건설사고의 알파와 오메가를 추적하자〉

20220209

> 강화되는 법·제도가 왜 효과를 거두지 못할까. 문제의 본질 규명이 안 된 것이다. 해결 방향이 잘못 설정되면 노력할수록 더 빨리 망하는 결과를 초래한다. 단편적·대증적 조치를 지양하고 문제와 관련된 영역 전체를 한꺼번에 조망하여 시스템적으로 해결해야 한다.

새해 벽두부터 후진국형 건설사고가 연이어 발생했다. 1월 11일 광주광역시 '화정아이파크' 아파트 공사 현장에서 39층 건물 일부가 붕괴되어 4명이 사망했고 2명이 매몰됐다. 1월 5일에는 경기도 평택시 팸스물류센터 현장에서 화재가 발생하여 소방관 3명이 순직했다. 문제는 같은 회사와 사업의 현장에서 유사 사고가 재발했다는 것이다. 광주 아파트 현장 사고를 유발한 회사는 작년 6월 광주 학동 재개발사업 철거 건물 붕괴로 시민 9명이 목숨을 잃은 현장의 시공사이다. 화재 사고가 난 평택 물류센터는 2020년 12월 구조물 붕괴로 작업자 3명이 사망한 현장이다. 재발 방지를 다짐하며 엄정한 대책을 약속한 바로 그 현장에서 사고가 또 발생한 것이다. 이러한 상황에서 향후 취해지는 조치의 실효성을 기대할 수 있겠는가.

우리는 90년대 중반 성수대교와 삼풍백화점 붕괴와 같은 경악스러운 사고에 이어 지금까지 수많은 참사를 경험했다. 사고 발생에 따른 처벌 규정이 계속 강화되는 현상을 목격했다. 이번에도 정부와 정치권의 거센 분노와 차가운 국민 여론을 반영하여 철저한 수사가 이루어질 것이다. 이와 더불어 금년 1월 27일부로 경영책임자에게 1년 이상의 징역형을 부과할 수 있는 중대재해처벌법이 시행되었다. 국회에서도 더 강력한 처벌 조항을 담은 법안을 제출하는 것이 바람직한 의정활동으로 평가받는 분위기가 형성되다 보니 계류 중인 건설안전특별법안 내용이 더 강화될 것 같다. 건설업은 그간 우려해 온 '과도한 규제와 처벌'을 피할 수 없게 됐다.

대다수 건설경영자는 이번 사고를 건설업에 안전의식을 각인시키는 계기로 삼아야 한다는 주장에 공감하면서도 그간의 정황상 사고는 또 발생할 수 있다고 생각하여 수십 년 동안 맡아 온 대표이사직을 서둘러 사퇴하는 모습을 보이기도 한다. 이렇게 두려운 상황이 지속되면 그동안 국가 발전의 원동력으로서 일자리 창출의 주역이 되어 온 우리 건설업은 곧 사행길로 접어들 것이다. 멀지 않은 장래에 우리 인프라를 구축하기 위해 외국기업의 기술에 의존하면서 미숙련 인력을 고비용으로 수입·활용해야 하는 상황이 도래할 것이다.

한층 더 강화되는 법과 제도가 왜 효과를 거두지 못할까. 해결 대안이 너무 복잡한 것은 아닌가. 그렇다면 문제의 본질 규명이 안 된 것이다. 만약 해결 방향이 잘못 설정됐다면 노력할수록 더 빨리 망하는 결과를 초래할 것이다. 어떻게 해야 하는가. 공자(孔子)가 논어(論語) 자한편

(子罕篇)에서 제시한 '문제의 양 끝을 두드리는 방식'을 소개한다.

"내가 아는 것이 있는가(吾有知乎哉). 아무것도 없다(無知也). 모르는 사람이 내게 물으면(有鄙夫問於我) 아는 것이 없지만(空空如也) 양 끝을 두드려 보고 성심껏 답한다(我叩其兩端而竭焉)."

문제의 양극단을 두드려서 중간의 사안들이 모두 드러나게 한 이후 해결을 시도하라는 것이다. 단편적 접근에 따른 대증적 조치를 지양하고 문제와 관련된 영역 전체를 한꺼번에 조망할 수 있는 지적 시야를 확보하여 시스템적으로 해결하라는 것이다.

시스템적 관점으로 보면 구조물 붕괴는 문제의 본질이 아니다. 얽히고설킨 고질적 문제들이 상호작용하면서 유발한 극단적 현상이다. 현상 이면에 상존하는 문제의 근원을 파악하기 위해서는 그 양 끝을 두드려 봐야 한다. 무슨 문제가 있는가. 도급 하도급 과정의 부당특약은 없는가. 외국인 미숙련 근로자에 의존하지 않으면 안 되는 현실의 고충은 어떠한가. 기하급수적으로 늘어난 건설노조와의 갈등으로 빚어진 공기 지연은 없는가. 중간의 모든 문제가 드러나게 하자. 썩은 가지를 제거해도 줄기가 부실하다면 무슨 의미가 있는가. 줄기를 손보아도 뿌리가 썩었다면 무엇을 기대할 수 있는가. 눈앞의 현상에 현혹되지 말고 문제의 줄기와 뿌리를 장악해야 한다.

건설은 품질 확보에 필요한 합리적 공사비와 적정 공기를 보장하는 룰(rules)을 제공하고 이를 어길 경우에는 시장에서 영원히 도태시키는 엄정한 시스템을 근간으로 운용돼야 한다. 반복적 사고의 과오는 아무리 비난받아도 지나침이 없다. 그러나 "도대체 어느 건설경영자가 자기 사업 현장에서 사망사고가 나기를 바라겠습니까?"라는 하소연도 간과해서는 안 된다. 비난이나 두둔에 앞서 차제에 사고 발생과 처벌 강화 그리고 사고 재발에 이르는 악순환의 고리를 끊어내야 한다. 건설사고를 대폭 줄이고 경영자가 두려움에서 해방되어 일에 대한 보람과 가치를 느끼도록 해야 한다. 궁극적으로는 우리 건설업의 미래 경쟁력을 배가시키도록 해야 한다. 이를 위해 국민·기업·정부가 함께 지혜를 모으는 협의체를 구성하는 것이 차기 정부의 국정과제가 되었으면 한다.

35. 윷놀이의 미래관(未來觀)
〈윷놀이에 담겨있는 대한민국의 미래 철학〉

20220105

> 윷놀이는 한민족이 세계의 주도권을 잡아야 한다는 염원을 내포하고 있다. 이렇게 놀면 다른 나라의 말에 잡히고 뒤떨어져 그 염원에 부응하기 어렵다. 아름다운 조화·화합의 어울림 속에서 희망을 담아 신명을 다해 윷을 던져야 한다. 먼저 넉동을 빼야 한다.

 코로나19로 인해 집합적 소통이 불가능해진 현실에서 새해를 맞고 보니 가족 친지와 더불어 즐기던 윷놀이가 그리워진다. 문헌자료와 관련 논문을 살펴보니 윷놀이는 정월 초하루에서 대보름까지 성행하던 놀이로 그 기원은 삼국시대 이전으로 추정된다. 우리 민족의 명절인 구정(舊正, 양력 2월 1일)과 간지(干支)상의 임인년(壬寅年) 새해 시작인 입춘일(2월 4일)이 얼마 안 남았다. 윷놀이하는 시기가 다가오고 있다. 차제에 그 의미를 탐색해 본다.

 윷놀이는 윷가락 4개를 던져서 나오는 '도(돼지)·개·걸(양)·윷(소)·모(말)'의 결과로 윷판 위에서 네 마리 말을 운용하여 승부를 결정하는 확률 게임이다. 윷가락을 던져서 나오는 경우의 수는 $16(2^4)$이다. 각 윷가락의 단면이 정확한 반원이라면 그 발생 빈도는 '개(37.5%)〉도=걸(25%)〉윷=모(6.25%)'이지만 실제 단면은 반원을 약간 넘기 때문에 평면이 나올 확률은 60%이고 곡면의 발생 가능성은 40% 정도가 된다. 이에 따른 발생 가능성은 '걸=개(34.56%)〉도(15.36%)〉윷(12.96%)〉모 (2.56%)'로 추산된다. 모두 엎어진 모는 순양(하늘)이고 전부 잦혀진 윷은 순음(땅)이다. 모나 윷이 나오면 천지(天地)와 부합했으니 한 번 더 놀고 상대의 말을 잡으면 포획자의 권한으로 또 한 번 논다.

윷놀이는 동양적 세계관의 원형(原型)이다. 윷을 만들기 위해 꺾은 박달나무(단목, 檀木) 한 가지는 태극(太極)이다. 이를 양면으로 나누면 음양(陰陽)이다. 윷 네 가락은 사상(四象)을 뜻하고 윷가락을 던져서 나오는 다섯 가지 결과는 오행(五行)을 반영한다. 윷판 바깥이 둥근 것은 하늘을 뜻하고 네모진 안쪽은 땅을 나타내므로 하늘이 땅을 에워싼 모습이다.

윷판을 말밭이라고 한다. 말밭을 만들기 위해 먼저 '열십(十)'자를 그리고 중앙에서 상하좌우로 그려나가면 말밭 수는 29개가 된다. 중앙은 황극(皇極)으로 제왕자리(북극성)라고 해서 셈에 포함하지 않으므로 이를 제외하면 28개가 된다. 이는 별자리 28수(宿)로서 태양이 지나는 길, 즉 황도(黃道)를 의미한다. 말판 내부의 '열십(十)' 자로 구획되는 4개 영역은 사계절을 뜻한다. 따라서 윷놀이는 사람이 중심이 되어 천체를 순환한다는 상징적 의미를 담고 있다.

윷놀이는 앞날을 준비하며 노는 게임이다. 한식·단오·추석에 하지 않고 해가 바뀌는 설 명절에 노는 것도 이러한 연유에 기인한다. 농민들을 추첨으로 높은 지대와 낮은 지역의 두 편으로 나누어 한 사람씩 나와 놀면서 지는 사람은 물러나고 이기는 경우는 지속하여 한쪽이 모두 지면 승부가 결정된다. 윷놀이에서 이기는 편의 지역에 풍년이 든다고 생각하며 다양한 상황에 대비하는 것이다.

윷놀이는 후천(後天)에 대한 비전(祕傳)을 담고 있다. 동양에서 군주(君主)가 천도(天道)를 펴는 세상이 선천(先天)이라면 후천은 신분 차별이 없고 남녀평등과 인간 존엄성이 중시되는 시대를 일컫는다. 윷놀이는 후천 시기에 한민족이 세계의 주도권을 잡아야 한다는 염원을 내포하고 있다. 후천시대는 언제부터인가.

말을 세는 단위는 '동'이고 '넉동빼기'를 한다. 말 네 개를 먼저 내는 쪽이 이기는 것이다. 우리 숫자 단위에서 한 접은 100이고 한 동은 1,000이다. 따라서 넉동인 4,000에 말밭 수 28과 중심부에 그려진 십(十)을 곱한(28×10) 값 280을 더하면 4,280이 된다. 이를 근거로 단기 4280년(1947년)에 선천이 끝나고 단기 4281년(1948년)부터 후천이 시작된다고 말한다. 1948년에 대한민국 정부를 수립하여 제국(帝國)에서 민국(民國)으로 탈바꿈된 것도 이와 무관치 않다는 것이다.

후천시대로 온전히 진입하기 위해서는 겨울에서 봄에 이를 때 꽃샘추위를 겪듯이 1절(一節) 동안 진통을 감내해야 한다고 한다. 주역(周易) 64괘 중에서 60번째에 절괘(節卦)가 있다고 해서 60년을 1절로 본다. 따라서 '1947년~2007년(60년)' 기간을 격동의 시대로 본다. 1948년에 후천이 시작하지만 본격적으로 느끼는 시기는 2008년 이후라는 것이다.

검증이 불가능한 비전(祕傳) 내용을 수긍하기는 쉽지 않다. 그래도 한민족이 세계 주도권을 잡아야 한다는 염원을 담은 채 장구한 역사의 뒤안길을 걸어온 윷놀이의 미래관을 간과하고 싶지 않다.

역동적 세계의 말밭에서 우리는 윷을 잘 놀고 있는가. 이렇게 놀면 삶의 피폐와 정치적 갈등 그리고 국론분열로 인해 다른 나라의 말에 잡히고 뒤떨어져 선인들이 전한 메시지에 부응하기 어렵다. 정신을 바짝 차리고 아름다운 조화와 화합의 어울림 속에서 희망을 담아 신명을 다해 윷을 던져야 한다. 지혜를 모아 말판을 잘 운용하여 먼저 넉동을 빼야 한다. 새로운 정부가 출범하는 금년이 우리나라가 세계의 주도권을 장악하는 원년(元年)이 되었으면 한다.

36. 변화의 징후(symptom)와 프랙탈(fractal) 관점 20211209
〈내가 미래를 예견할 수 있는 이유〉

> 프랙탈은 형식·내용 면에서 공간적으로 작은 부분이 관련 사안의 전체적 특성을 내포하고 시간적으로도 현재의 미세한 사안이 향후 도래하는 큰 변화의 의미를 반영하고 있다는 관점이다. 늘 뜬 눈으로 세상을 바라보며 작은 변화 이면의 큰 변화를 추적하자.

코로나19의 급습으로 우리는 한 번도 경험하지 못한 세상을 절감하고 있다. 향후 또 어떤 연쇄적 변화가 전개될지 생각하면 두렵기도 하다. 삶에 심대한 영향을 미치는 변화에 어떻게 대처해야 할까? "무슨 일이 생길까?(What will happen?)"라는 태도로 기다려야 하는가. 이러한 소극적 행태를 지양하고 "무슨 일이 생길 수 있을까?(What can happen?)"라는 적극적 안목으로 변화의 징후(symptom)를 포착하여 대처해야 한다.

"낙엽 하나로 천하에 가을이 왔음을 안다(一葉落知天下秋)"는 당시(唐詩)의 한 구절은 미세한 징후로 대세를 파악하는 군자의 모습을 연상하게 한다. 주역(周易)에서는 "서리를 밟으면 얼음이 어는 시기에 이르게 된다(履霜堅冰至)."라는 말로 작은 사안 이면의 큰 변화를 적시한다.

서리가 밟히기 시작하는 현상은 3~4개월 후에 대지가 얼어붙는 상황을 초래하는 징후다.

미국 해군장교 출신의 보험감독관 하인리히(Heinrich)는 한 번의 큰 사고에 앞서 29번의 경미한 사고가 있고, 그 전에 사소한 징후가 300회 정도 스쳐 간다는 '하인리히 법칙(Heinrich's law)'을 통해 사전 징후의 존재를 일깨웠다.

징후는 수많은 요소의 상호작용으로 표출되는 조직적 현상으로 시·공간적 연결 구조를 갖기 때문에 변화 예견의 근거가 된다. 그러나 현상 자체가 미세한 경우가 많아서 우연처럼 스쳐 보내기 쉽다. 징후와 우연의 차이는 무엇인가. 징후는 우연이지만 우연은 징후가 아니다. 징후는 자연스럽지 않고 유별나서 '왜, 하필?'이라는 의문이 제기되는 우연이다.

징후가 변화의 단서가 되는 이유는 상황이 부분과 전체로 분리될 수 없고 시간적으로도 과거·현재·미래가 연결되어 있기 때문이다. 아울러 모든 사안은 사람과 관련되어 있어서 사람이 곧 징후의 집합체에 해당한다.

징후를 변화의 근거로 설명하는 사고체계가 프랙탈(fractal) 관점이다. 프랙탈은 '파편'이라는 뜻의 라틴어 'fractus'에서 비롯된 말로 1975년에 IBM 연구원이며 하버드 대학교 수학과 객원교수였던 망델브로(Mandelbrot)가 전체와 부분이 닮은 구조를 설명하기 위해 사용했다. 그 예로는 부분의 반복으로 전체가 형성되는 구조인 나뭇가지 모양, 혈관분포 형태, 창문

성애가 자라는 모습, 산맥이나 리아스식 해안 형상, 은하계 분포 양상 등을 들 수 있다.

사람의 손 모양은 몸매를 닮았고 귀는 얼굴 형태와 유사하다. 나무 아래의 작은 잎을 보고 높이 있는 큰 잎사귀 모양을 파악할 수 있는 이유는 작은 잎이 큰 잎사귀 형상을 축소·반영하고 있기 때문이다. 그래서 "하나를 보면 열을 안다."라고 말한다. 한의학에서는 몸 전체의 특성이 인체 표면에 반영되어 있다고 본다. 경험이 풍부한 한의사는 환자의 손이나 얼굴을 보고 신체의 특정 부위나 장기(臟器)의 온전성 여부를 파악하지 않는가.

시간적 프랙탈도 고려할 수 있다. 현재의 미세한 현상이 미래 변화의 특성을 내포하고 있다는 것이다. "될성부른 나무는 떡잎부터 알아본다." 라고 하지 않는가. 호기심을 자아내는 사주명리학(四柱命理學)도 우리 삶에서 가장 중요한 의미를 갖는 출생시점(연월일시)이 인생 여정의 변화를 반영한다는 사고에서 비롯되었다. 수상(手相)과 관상(觀相)도 손과 얼굴이 특정인의 삶에 포함된 시·공간적 변화의 특성을 반영한다는 원리에 근거한다. 이러한 시각은 불교경전 화엄경(華嚴經)의 "개체 속에 전체가 있고 전체 속에 개체가 있다(一卽多 多卽一)."는 말과도 그 맥락을 같이 한다.

프랙탈(fractal)은 형식과 내용 모든 면에서 공간적으로 작은 부분이 관련 사안의 전체적 특성을 내포하고 시간적으로도 현재의 미세한 사안이 향후 도래하는 큰 변화의 의미를 반영하고 있다는 관점이다. 우리가 징후를 명확히 식별·분석할 수 있다면 미래 변화를 어느 정도 예견할 수 있다는 솔깃한 단면을 시사하는 대목이다.

인도의 지도자 간디(Gandhi)는 국가쇠퇴의 징후로 원칙 없는 정치, 무위도식하는 부유층의 급증, 쾌락이 만연한 사회 그리고 인성이 무시된 교육을 들었다. 아울러 희생이 없는 종교와 더불어 도덕성이 결여된 사회 그리고 인간성이 고갈된 과학을 언급했다.

이렇게 무거운 현상과 별개로 우리 삶의 주변에는 징후가 없는지 살펴보자. 수시 출몰하는 멧돼지는 무슨 뜻일까. 골프 홀인원(hole-in one)은 어떤 변화의 신호탄인가. 출근길에 순간의 부주의로 교통 범칙금을 부과받은 사건은 무슨 의미를 내포할까. 우연인가 징후인가. 우연이면 흘려보내고 징후로 판단되면 그 의미를 고찰해 보자. 늘 뜬 눈으로 세상을 바라보며 작은 변화 이면의 큰 변화를 추적해 보자.

37. 힘없는 토건세력!
〈대한민국 건설인, 힘내라!〉

20211110

> 건설업과 건설인의 이미지 개선을 실현해야 한다. 불미스러운 일이 발생하면 즉시 사과하고 혁신하여 국민적 신뢰를 얻어야 한다. 부당한 처사에 대해서는 일관성 있는 방식으로 항의해야 한다. 부당한 현실을 불가피한 삶으로 인정하면 더 나은 미래는 없다.

악취를 풍기는 성남시 대장동 개발사업 의혹에 난데없이 '토건세력' 결탁설이 제기되었다. 대장동 사업의 시행법인(성남의뜰)에는 성남도시개발공사·하나은행·국민은행·기업은행·동양생명·하나자산신탁·화천대유·SK증권이 참여했다. 건설회사는 단 한 곳도 보이지 않는다. 개발이익을 취득한 세력도 부동산개발업자·정치인·법조인·언론인 등이고 건설업과 관련된 법인이나 인물은 존재하지 않는다. 건설회사는 시공만 했을 뿐 부정적 사안과 아무 관련이 없다. 건설인들은 "열심히 일한 것밖에 없는 데 문제만 생기면 힘없는 우리를 비리 세력으로 몰아붙인다."라고 말하며 개탄한다. 일리가 있는 한탄이다. 그러나 정말 건설인에게 아무 힘이 없는가.

80년대 초반, 두 차례 오일쇼크에서 비롯된 국가적 위기를 건설인이 중동시장 진출을 통한 외화 획득으로 타개했다. 그 이후에도 경제위기 때마다 건설업은 연관 산업에 온기를 불어넣어 내수를 촉진했다. 사회간접자본(SOC) 시설의 건설을 주도하여 국가경쟁력을 강화했다. 지금 코로나19 상황에서도 변함없이 경제성장과 일자리 창출의 버팀목이 되고 있지 않은가.

 지난해 통계청이 발표한 '2019년 건설업 조사 결과'에 의하면 건설기업의 수는 7만 8849개이고, 그 매출액 규모는 무려 401조 3,000억 원이다. 건설업 종사자 수는 171만 명에 이른다. 4인 가족 기준으로 약 700만 명의 국민이 건설업을 통해 삶을 영위하고 있다.

 건설업의 역할과 경제적 규모를 보면 건설인에게 아무 힘이 없다고 말할 수 없다. 보유 세력을 자각하지 못하고 현실만을 탓하는 무기력함이 문제다. 작금의 상황을 계기로 건설인과 건설업에 대한 주관적 관점을 피력한다.

 첫째, 자기 비하의 프레임(frame)을 극복해야 한다. 프레임은 상황 인식을 결정하는 정신적 구조물로서 언어적 표현과 직결된다. "우리 노가다들이 뭘 어쩌겠습니까? 열심히 일한 죄밖에 없는데 이렇게 늘 비리 세력으로 몰리니…, 자식에게 이 업종을 권할 자신이 없습니다."라는 말을 들었다. 자기부정의 프레임에 사로잡혀 자신을 폄하하면서 사회적 존경과 국민적 사랑을 기대할 수 있겠는가. 스스로가 자긍심의 주체인 이유를 찾아내야 한다.

둘째, 무관심과 배타성이 큰 문제로 작용한다. 건설은 설계·감리·시공 유지관리 분야의 제반 업무가 단계적으로 연계되고, 토목·건축·기계·전기·조경·안전과 같은 전문성이 직렬별로 조화를 이루는 것을 전제로 전개된다. 그러나 건설인들은 연관 분야와 다른 직렬 사람들과 잘 소통하지 않는다. 오히려 배척하는 경향을 보이고는 한다. 몇 해 전에 90만여 명의 회원을 보유한 건설기술인협회 회장을 직선제로 선출하면서 노출된 무관심·배타적 현상은 지극히 낮은 투표율로 귀결되었다. 내년 3월에 예정된 차기 협회장 선거는 단일 분야 최다 회원을 보유한 단체답게 건설기술인의 역량 증진과 권익 보호 그리고 자긍심 고취를 구현할 수 있는 리더십이 집약되는 계기가 돼야 한다.

셋째, 부정적 이미지 개선이 시급하다. 지난해 한국건설산업연구원이 실시한 조사 결과에 의하면 국민의 89%가 건설업을 부정·부패·뇌물과 같은 부정적 이미지와 연계시켜서 생각한다고 한다. 금년에 이루어진 한국건설인정책연구원의 조사 결과를 보면 건설관련학과에서 공부하며 건설업에 취업하겠다는 학생은 22%에 그쳤다. 건설 관련 대학원 진출을 희망하는 사람도 9%에 불과했다. 잠재적 건설인도 건설업을 회피하는 현실을 더 이상 간과해서는 안 된다. 건설인의 사회적 지위를 실추시키고 건설 인력의 수급 대란을 초래하는 징후라는 점에서 건설업의 위기와 직결되는 문제로 보이기 때문이다. 건설사들은 불합리한 현실을 발주자나 경쟁사 탓으로만 돌리지 말고 특단의 자정 대책을 강구해야 한다.

끝으로 리더십 확립과 소통 활성화가 절실하다. 협회·학회 등의 유관

기관은 자기 분야 단체와 구성 인력의 이익만을 추구하는 소극적 태도를 지양하고 건설업과 건설인 전체를 아우르는 리더십의 구심점을 확립해야 한다. 건설인의 정체성 확보와 소통 활성화 그리고 건설업 이미지 개선을 실현하기 위한 활동체계를 구축해야 한다. 불미스러운 일이 발생하면 즉시 사과함과 동시에 혁신적 대책을 실행하여 국민적 신뢰를 회복해야 한다. 이번 경우와 같은 부당한 처사에 대해서는 일관성 있는 방식으로 항의하며 건설인과 그 가족을 포함하는 700만 국민이 예의 주시하고 있다는 사실을 인지시켜야 한다. 더 이상 건설인들이 허탈감에 사로잡힌 채 음지에서 한숨짓는 일이 없도록 해야 한다. 건설인의 관심과 역량을 건전한 방향으로 규합할 수 있다면 불합리한 현실을 혁신하기 위해 누구를 못 만나고 어느 기관을 설득하지 못하겠는가. 부당한 현실에 침묵하며 그것을 불가피한 삶으로 인정하는 개인·집단·조직에게는 더 나은 미래가 올 수 없다. 미래는 존재하는 것이 아니라 창조되는 것이기 때문이다.

38. 화천대유(火天大有)와 천화동인(天火同人)   20211014
〈작명을 잘못한 것 같다〉

> 화천대유와 천화동인은 주역에서 하늘(天)의 속성을 뜻하는 건(乾)과 불(火)의 특성을 나타내는 리(離)가 각각 상하 배열되어 생성된다. 천화동인과 화천대유는 부의 독식을 경계하라고 한다. 건전한 순환 체계를 통해 합리적으로 배분하라는 교훈을 전한다.

'화천대유'와 '천화동인'이라는 상호의 두 법인(法人)이 세간에 회자(膾炙)되고 있다. 특정 지역의 도시개발사업에 민간사업자로 참여한 이들 법인이 참여 지분에 비해 지나치게 많은 배당금을 챙겼다는 논란이 내년 대선에 출마할 후보 선정을 위한 경선 과정에서 민감한 이슈로 비화되었다. 특이한 점은 화천대유(火天大有)와 천화동인(天火同人)이 모두 동양적 사유의 근간인 주역(周易)에서 비롯된 괘상(卦象)의 명칭(名稱)이라는 사실이다. 수천 년에 걸쳐 특정 지식 계층의 관심 영역으로만 여겨지던 주역의 표현이 언론을 통해 연일 거론되면서 보편적으로 통용되는 현상이 빚어졌다. 차제에 화천대유(火天大有)와 천화동인(天火同人)의 뜻을 규명해 본다.

화천대유(火天大有)와 천화동인(天火同人)은 주역에서 지칭하는 8개의 기본요소(하늘·땅·연못·산·불·물·우레·바람) 중에서 하늘(天)의 속성을 뜻하는 건(乾:☰)과 불(火)의 특성을 나타내는 리(離:☲)가 각각 상하 배열되어 생성된다. 건(乾:☰)과 리(離:☲)는 우리나라 태극기의 왼쪽 위와 아래에 새겨져 있어서 이미 친숙한 모습이기도 하다.

불(火)이 위에 있고 하늘(天)이 아래에 있으므로 화천(火天)이고 그 이름이 동인(同人)이다. 하늘(天)을 위에 두고 불(火)을 아래에 놓으면 천화(天火)이고 그 명칭은 대유(大有)가 된다. 천화동인(天火同人)은 불이 하늘로 올라가는 모습이다. 화천대유(火天大有)는 불이 하늘 정상에 올라서 온 세상을 비추는 형상이다.

동양적 사유 체계에서 하늘은 섭리·국가·위인이나 공적 업무 등과 비유된다. 불이 하늘로 오르는 천화동인(天火同人)의 형상에서 원대한 포부를 실현하기 위해 나서는 사람, 인기 상승 중인 연예인, 국가(조직)의 부름을 받고 나아가는 인재의 모습 등을 유추할 수 있다. 유비의 부름을 받아 은거하던 곳에서 나오는 제갈공명의 현실과 다르지 않다. 시험이나 취업을 앞두고 점을 쳐서 천화동인을 점괘로 얻었다면 반드시 합격할 것이다. 높이 있는 하늘과 높은 곳을 지향하는 불은 같은 부류라는 점에서 그 이름을 "뜻을 함께하다", "협력하다"라는 의미의 동인(同人)으로 지칭했다. 천화동인은 타오르는 불꽃이 하늘과 조화를 이루듯이 사람들이 뜻을 모아 공적인 일을 도모한다는 것을 의미한다.

주역 원전(原典)에서 천화동인은 협력을 위해 "들(밖)에서 사람을 사귀어야 형통하다.(同人于野亨)"고 강조한다. 그리고 "하늘과 불이 부합하는 것처럼 조화로운 여건을 얻기 위해 무리를 분류하고 사물을 분별하라(天與火同人類族辨物)"고 언급한다. 맹목적 관계를 지양하고 각기 다름을 인정하면서 윈-윈(win-win) 관계를 형성하라는 것이다. 또 "가까운 사람끼리만 협력하면 폐해가 따른다.(同人于宗吝)"고 경고한다. 같은 부류끼리 모여 서로 인정하고 닮아가다 보면 이질적 존재를 배척하고 폐쇄적 상황을 조성하는 어리석음을 범하기 때문이다.

한편 화천대유(火天大有)는 불이 하늘 높은 곳에서 세상을 두루 비추는 모습이다. 풍족한 결실을 거두어 만족스러운 상황이다. 그래서 크게 가진다는 대유(大有)라는 이름을 갖는다. 하늘 높은 곳의 불은 태양이 아닐 수 없으므로 화천대유는 정오의 태양이 가장 높은 곳에서 천하에 빛을 뿌리는 형상이다. 정의가 통용되는 밝은 세상, 존경받는 지도자, 인기절정의 스타, 만발한 꽃의 모습과 연계된다. 화천대유도 입학·취업·선거 등을 앞둔 사람에게 호운(好運)을 예견하는 점괘다.

정오의 태양은 곧 내려올 수밖에 없고 활짝 핀 꽃은 머지않아 떨어지는 것이 세상의 법칙이다. 유명세를 타는 사람은 노출된 위험을 조심해야 한다. 천화동인 과정을 통해 큰 부를 실현한 결과인 화천대유 상황에서는 겸손과 절제를 유지하며 향후의 몰락을 경계해야 한다.

다가오는 몰락의 상황에서도 생존·번영하기 위해 화천대유는 어떠한 처세를 제시하는가. "지나친 성대함에 처하지 않아야 허물이 없다.

(匪其彭无咎)"라는 말로 풍요의 정점에서 빚어지는 폐단을 경고한다. 풍족한 결실이 천리(天理)에 따라 순환되지 않으면 반목과 투쟁이 난무하는 결과를 초래한다.

천화동인과 화천대유는 같은 부류끼리 야합하여 획득한 부의 독식을 경계하라고 한다. 서로 협력하여 풍성한 수확을 이루고, 그 결실을 건전한 순환 체계를 통해 합리적으로 배분해야 뒤탈이 없다는 교훈을 전한다. 우리 국민이 겪고 있는 사회적 고충과 정치적 갈등이 향후 천화동인과 화천대유를 구현하는 지도자를 선출하는 원동력이 되어야 한다. 그래야만 사람들이 인사말로 주고받는 "화천대유 하세요."라는 비유적 표현이 긍정적 메시지가 될 수 있다.

39. 리더(leader), 그 성장과 몰락의 시나리오 20210910
〈겸손함과 조심성을 잃으면 망한다〉

> 리더는 겸손함과 조심성을 견지해야 한다. "이 정도쯤이야 괜찮겠지, 내 위치가 있는데…"라는 생각으로 경솔하게 처신하다가 작은 실수라도 범하면 겸손함의 상실로 인해 생긴 주변의 적으로부터 맹공격을 받아 그동안 쌓은 기반을 한꺼번에 상실한다.

조직의 리더(leader) 대열에 합류하여 장래가 촉망되던 사람이 여러 가지 사유로 지속적 성장을 거듭하지 못하고 중도에 탈락하는 모습을 보면 안타까운 마음을 금할 수가 없다. 국가적 리더로 평가받던 인물이 유종의 미를 거두지 못하고 추락하는 상황을 접하면 삶의 무상함을 느낀다. 국가를 파탄에 빠뜨리고 국민을 치욕적 고통으로 내모는 아프가니스탄(Afghanistan) 사태를 직시하면서 리더의 역할이 얼마나 중차대한 것인지를 깊이 절감한다. 왜 탁월함으로 무장하고 최고 역량을 발휘하며 잘나가던 리더급 인물이 갑자기 몰락의 구렁텅이로 추락하는가. 인간 행태의 관점에서 리더의 성장·몰락에 관한 주관적 시나리오를 언급한다.

리더는 어떠한 역량을 발휘하는 사람인가. 리더는 조직 구성원의 가슴을 울렁이게 하는 비전을 제시하며 변화를 추구한다. 변화를 구현하는 과정에서 발생하는 내부 갈등을 조정하고 변화에 따르는 단기이익과 중·장기적 혜택의 균형을 추구하며 일에 몰입한다. 할 일이 많고 시간은 촉박한 상황에서 위기감을 느끼면서도 모험을 두려워하지 않고 절박한 현실의 반전 순간에도 결단이 빠르다. 상황을 예의주시한다는 애매모호한 태도를 취하지 않고 판단을 보류하지도 않는다. 판단 자료가 부족하고 유사 경험도 없으며 잘못되면 모든 것이 무위로 돌아가는 위기 상황에서도 책임을 회피하지 않고 활용이 가능한 지식·정보에 직감을 얹어 시의적절한 결정을 내린다. 부침을 겪기도 하지만 사심 없는 열정을 인정받아 리더의 대열에서 이탈되지 않는다.

총기(聰氣) 있고 신선했던 리더가 몰락의 길로 들어서는 징후는 무엇인가? 첫째, 그동안 전력을 다해 추진해 온 일에 성취감을 느끼면서 이제는 어느 정도 안정궤도에 들어섰다는 마음을 갖는 순간부터 순수한 자신감이 자만심으로 바뀌면 거의 예외 없이 독선에 빠진다.

둘째, 일관성을 갖고 일에 매진해 오면서 확립한 철학과 가치관은 보수성과 고정관념으로 변한다. 그동안 타협 없이 살아온 지난한 삶의 역정으로 인해 자기의 주장이 조금이라도 수정되면 굴복하는 것으로 생각하면서 다른 사람의 조언을 듣지 않는다. 과거와 같이 바쁜 일이 없으면 불안감을 느끼면서 일을 위한 일을 만들고 자기중심적 사업에 몰입한다.

셋째, 힘난한 인생을 통해 여러 차례 배신도 경험하면서 늘 긴장하며 살아온 리더에게 어느 순간부터 주변 사람들이 존경심을 표하고, 자기 말에 감격한 표정으로 공감하면서 날카로운 지적 능력과 유머 감각을 지녔다고 높이 평가해 주면 긴장이 풀리기 시작한다. 어두웠던 경험과 마음 조이던 긴장감은 의심과 경계심으로 바뀌고 독설이 난무하면서 다른 사람에게 본의 아닌 상처를 입힌다. 결국 주변에 언제 터질지 모르는 인간지뢰(human mines)를 매설한다.

리더에게 맹신적 추종자가 많아지면 몰락의 길을 예약한 것과 다름없다. 왜 추종자가 많아지는가. 리더의 옆이 성장을 보장하는 안전한 길로 보이기 때문이다. 소위 이권 그룹의 실세가 형성되는 것이다. 이러한 상황에서는 리더에게 객관적 현실을 근거로 진심 어린 조언을 하는 사람이 머물 수 없게 된다. 리더는 머지않아 몰락을 경험한다.

주역(周易) 64괘의 첫 번째 괘상 중천건(重天乾)은 리더로 성장하여 유종의 미를 거두는 과정을 6단계로 묘사한다. 가장 조심스러운 3단계 상황을 "군자(리더)가 하루 종일 부지런히 움직이다 저녁에도 두려운 듯하니 위험해도 허물은 없다(君子終日乾乾 夕惕若 慮無咎)"라고 언급한다. 하루 종일 최선을 다해 일하고도 저녁에는 자신을 낮추고 반성하며 조심하는 리더에게 무슨 허물이 있겠는가.

주역은 리더에게 겸손함과 조심성을 견지하라고 가르친다. 초심을 잃고 교만해져서 사람 마음에 상처를 주고, "이 정도쯤이야 괜찮겠지, 내 위치가 있는데…"라는 생각으로 경솔하게 처신하다가 작은 실수라도 범하면 겸손함의 상실로 인해 생긴 주변의 적들로부터 맹공격을 받아 그동안 쌓은 기반이 한꺼번에 붕괴하는 상황을 자주 보았다.

 조직·국가의 생존과 번영은 진정한 리더의 존재 여부에 달려있다. 리더로 거론되는 사람은 처신을 잘하고 있는지 늘 살피고 경계해야 한다. 리더 대열에 포함되지 않은 필자도 늘 겸손함과 조심성을 담아두어 삶의 과정에서 큰 허물은 면하고자 한다.

40. 갈등과 중대재해
⟨중대재해의 원인은 따로 있다⟩

20210316

> 건설사업 추진 과정의 갈등이 중대재해의 징후다. 이러한 상황에서 빚어지는 부분적 문제가 '다른 요소에 파급적 영향을 미치면 중대재해로 이어진다. 건설사업관리 핵심은 참여집단의 이해관계가 조화·균형을 이루도록 하는 것이다. 갈등을 관리하는 것이다.

1월 8일 국회에서 의결된 '중대재해처벌법'의 후폭풍이 예상된다. 건설업과 건설인의 원죄가 참으로 큰 것 같다. 본 고에서 필자는 관점을 달리하여 법·제도의 이면에서 중대재해의 근원적 요인으로 작용하는 '갈등(葛藤)'의 문제를 언급한다.

당신이 각고의 노력 끝에 수주한 수백억 원 규모의 건설공사에 대한 실행예산을 판단해 본 결과, 최선을 다해 노력해도 수십억 원의 적자를 감수하지 않으면 안 된다는 결론을 얻었다고 생각해 보자. '품질', '안전', '성실시공', '혼을 담은 시공'과 같은 말이 머릿속에 떠오르겠는가. "어떻게 하면 손실을 최소화할 수 있을까?"라는 고민에 사로잡힐 것이다. 더 적극적으로 고민하며 머리를 쓰다 보면 다만 얼마라도 이익을 남기는 방안을 모색한다. 품질·안전 확보의 중요성을 간과하는 행태를 보이기도 한다. 그러다 보면 "이 정도쯤이야, 지난번에도 괜찮았는데 뭐, 지금까지 문제가 없었으니 앞으로도 괜찮지 않겠어? 사실 나도 할 만큼 했잖아?"와 같이 배짱과 신념 그리고 근거 없는 낙관을 반영하는 언어가 난무한다. 이러한 언어가 바로 중대재해의 징후다.

언어는 사용자의 가치를 반영하고 가치는 행동을 유발한다. 이러한 상황에서 빚어지는 불합리한 행태는 부분적 문제라도 발생시킨다. 종합적 시스템을 다루는 건설사업의 속성으로 인해 그 문제는 부분으로 끝나지 않는다. '도미노 효과(domino effect)'를 보이며 다른 요소에도 파급적 영향을 미치다 보면 심각한 중대재해로 이어질 수 있는 것이 건설사업이다. 건설사업관리의 핵심은 참여집단의 이해관계를 반영하는 가치체계가 조화·균형을 이루도록 하여 갈등을 최소화하는 것이다.

사업관리 현장에서 있을 수 있는 토의 상황을 상상해 보자. 심각한 문제를 인식하고 해결책을 강구하기 위해 발주기관의 인사가 급하게 현장을 방문했다. 발주기관 소속의 업무 담당자를 질책한다. "진입도로도 정돈이 안 돼 있고 현장 정리도 엉망이며 구조물의 안전관리 실태도 불량하다. 도대체 발주자를 대표하는 업무 담당자는 그동안 무엇을 했는지 모르겠다."라고 말한다. 이러한 비방에 업무 담당자는 수긍할 수 없다는 표정을 지으며 회의 내내 불편한 심기를 감추지 못한다. 발주기관 인사도 좀 지나치게 비난했다는 생각이 들었다. 부드러운 목소리로 업무 담당자에게 입장이 있을 테니 할 얘기가 있으면 해 보라고 말한다. 업무 담당자는 벌떡 일어나서 "웬만하면 가만히 있으려고 했는데 얘기할 기회를 주시니

딱 한 마디만 하겠습니다."라며 말을 시작한다. 이러한 상황에서 한 마디만 하고 말을 맺는 것을 본 적이 있는가. 필자의 경험에 따르면 족히 20마디 이상의 말을 한다. 다 듣고 나서 맺어지는 결론은 무엇인가. "사실 말이죠, 저도 열심히 한 것으로 말하면 엄청나게 열심히 한 ○인데…, 제가 아무리 열심히 해도 업체가 워낙 형편없다 보니 대책이 없었습니다. 저도 할 만큼은 했습니다. 너무 그러지 마십시오."라는 항변이다.

옆에서 듣고 있던 현장소장의 눈에 핏기가 서린다. "형편이 없다니요? 아니, 왜 우리가 형편없습니까? 같은 말이라도 '아' 다르고 '어' 다른 겁니다. 꼭 그렇게 말해야겠습니까?"라고 항의하면서 업무 담당자와 현장소장의 논쟁이 촉발된다. 논쟁이 업무 담당자의 판정승으로 끝나는가 싶었다. 그때 현장소장은 "저도 말이죠, 할 만큼은 했단 말입니다. 공법의 안전성 여부를 감리단에 검토해 달라고 요청했는데 아직 결과가 안 나왔지 않습니까? 왜 나만 갖고 그러는 겁니까?"라고 말한다.

바로 옆에 앉아 있던 감리단장이 자리를 박차고 일어나며 말한다. "아니, 뭐라고요? 그저께 문서를 던져놓고 지금 와서 그따위 얘기를 하면 어떻게 합니까? 어떻게 하루 이틀 만에 검토를 다 마칠 수 있냐고요? 왜 이 상황에서 나를 걸고넘어지는 겁니까?"라고 말하며 분을 감추지 못한다.

어떠한 분위기를 느끼는가. 팽배한 갈등이 감지되지 않는가. 피해의식에 젖어 상호 비방하는 언어가 오가는 현장에는 너무도 많은 문제가 뒤엉켜 있어서 무엇이 문제인지조차 파악하기 어려운 경우가 적지 않다. 저가로 투찰하여 무리하게 사업을 수주한 결과, 적자를 감수하면서 본사로부터 외면을 당하는 의기소침한 현장일 수 있다. 중요 사안에 대한 발주자 결정이 지연되면서 시간만 흘러가고 일이 진행되지 않는 현장일 수도 있다. 작은 문제를 즉시 해결하면 상황이 마무리될 수 있었지만 서로 떠넘기는 분위기에서 해결 주체를 만나지 못하고 떠돌던 문제가 다른 사안과 결합하여 훨씬 더 복잡한 양상으로 전개되면서 대형 사고를 유발하는 현장일 수도 있다. 긴장이 풀린 느슨한 상황에서 중대재해가 발생할 수 있는 우려스러운 현장이다.

법·제도의 강화에 앞서 갈등의 원인을 파악하여 제거하는 것이 재해 예방을 위해 더 중요하다. 열악한 여건에서 여러 위험공정을 동시에 쫓기듯이 수행해야 하는 상황에서 빚어지는 업무 종사자의 피해의식이 중대재해의 핵심 사유인 갈등을 유발한다.

41. 홀인원(hole-in one)의 미학(美學)   20201126
〈홀인원 하면 왜 운이 좋아지는가?〉

> 홀인원을 주역으로 표현하면 들어간다는 뜻의 바람(風)이 위에 있고 홀(hole)을 의미하는 연못(澤)이 아래에 있는 모습이다. 바람은 날아다니는 실체인 새로 표현될 수 있다. 연못은 그 안에 생명체가 살아 있으므로 알(卵)로 볼 수 있다. 새가 알을 품고 있는 형상이다.

맹자(孟子)는 "하늘의 때(시간적 변화)는 땅의 이로움(공간적 상황)만 못하고 땅의 이로움은 사람의 화합(인간적 노력)만 못하다(天時不如地利 地利不如人和)"라는 말로 승패 결정의 요건을 적시한다. 천시(天時)를 얻어 적을 공격해도 이기지 못하는 이유는 천시가 지리(地利)만 못하기 때문이다. 성(城)이 높고 못(물)이 깊고 병기와 갑옷이 갖춰지고 군량이 충분해도 성을 버리고 떠나는 이유는 지리(地利)가 인화(人和)를 능가하지 못하기 때문이다. 지리(地利)가 충족된 요새(要塞)도 사람의 정신적 단결이 없으면 지킬 수 없다. 전쟁과 다름없는 경영 현실에서 시간적 변화와 공간적 상황의 균형을 이루며 인간적 노력을 기울이는 경영자의 역할이 중요한 것은 이러한 사유에서 비롯된다.

시간적 변화와 공간적 상황이 조화를 이루는 여건에서 인간적 노력이 가해질 때 성과가 극대화된다. 이렇게 천지인(天地人) 삼재(三才)가 절묘한 조화를 이루는 신묘한 상황을 짧은 시간 동안 극적으로 보여주는 것이 '홀인원(hole-in one)'이다.

골프장의 Par3 홀 티박스(tee-box)에서 친 공이 날아가서 상당히 멀리 떨어진 그린(green) 위에 설치된 직경 108mm의 작은 홀컵으로 단번에 들어가는 홀인원은 시간적 변화(골프공의 비행 과정)와 공간적 상황(그린의 여건)이 절묘하게 균형을 이룬 상황에서 동반자의 인간적 화합이 이루어지지 않으면 이루어질 수 없는 현상이다. 노력과 실력만으로 성취할 수 있는 결과가 아니기 때문에 골프를 즐기는 사람은 하나같이 홀인원을 하면 운(運)이 좋아진다고 말한다. 그러나 운이 좋아지는 이유를 구체적으로 설명하지 못한다. 왜 운이 좋아지는가.

지혜의 보고인 주역(周易)에서 홀(hole)은 연못(澤)으로 표현한다. 무언가를 담아 놓는 주머니·구멍·책꽂이·컵·안경테도 연못으로 나타낸다. 날아서 들어가는 현상은 바람(風)으로 묘사한다. 바람은 명사로 나무와 날아다니는 실체(새·비행기 등)를 뜻한다. 동사로는 들어간다는 의미를 갖는다. 그래서 홀인원은 들어간다는 뜻의 바람(風)이 위에 있고 홀(hole)을 의미하는 연못(澤)이 아래에 있는 모습이다. 주역은 이러한 형상을 중용에 입각한 믿음이라는 뜻의 '중부(中孚)'라는 이름을 부여했다. 괘상(卦象)을 풍택중부(風澤中孚)로 읽는 이유다.

바람(風)은 날아다니는 실체인 새로 표현될 수 있다. 연못(澤)은 그 안에 생명체가 살아 있으므로 알(卵)로 볼 수 있다. 결국 중부(中孚)는 새가 알을 품고 있는 모습을 상징한다. 새가 알을 품고 있으니 어찌 길하지 않겠는가. 여기서 믿음을 뜻하는 '부(孚)'는 발톱을 의미하는 '조(爫)'의 아래에 알(卵)을 뜻하는 '자(子)'가 있는 형상이다. 새가 발톱으로 알을 굴리며 온기를 공급하는 모습이다. 만약 경거망동하면 알이 깨져서 대흉으로 치닫게 되므로 일을 순리에 맡기고 무리하지 말아야 한다. 바람이 연못의 물결에 활력을 공급하여 출렁이게 하는 현상은 연못의 노력으로 실현되는 것이 아니라 환경변화에서 비롯되는 것이다. 내부 여건을 잘 정비하고 변화의 시기를 기다려야 한다.

풍택중부(風澤中孚)의 주역적 표현은 바람(風)을 의미하는 '☴'과 연못(澤)을 뜻하는 '☱'이 상하 중첩된 형상(䷼)이다. 괘상(卦象)을 살펴보면 아래에서 투입된 양(陽) 두 개(⚌)가 중간의 벽(壁)과 같은 음(陰) 두 개(⚏)를 뚫고 올라가 위에서 자리를 잡는 상황이다. 투입된 두 개의 양(⚌)에 손실이 발생하지 않아 투입량과 산출량이 일치(input=output)한다. 계획과 실행이 같으므로 일이 의도대로 실현되는 길한 상황이다. 운이 좋아진다고 말하는 이유는 괘상의 이러한 모습에서 비롯된다.

주역원전(周易原典)에서는 이러한 상황을 "우는 학이 그늘에 있으니 그 새끼가 화답한다. 내게 좋은 술잔이 있으니 그대와 더불어 나누리라. (鳴鶴在陰 其子和之 我有好爵 吾與爾靡之)"라고 묘사한다. "우는 학이 그늘에 있으니 그 새끼가 화답한다."는 어미와 새끼가 아무리 멀리 떨어져 있어도 소통하는 것처럼 자신을 이끌어 줄 실력자와 원만한 소통을 할 수 있는 여건을 나타낸다. "내게 좋은 술잔이 있으니 그대와 더불어 나누리라"에서 술잔을 의미하는 '작(爵)'은 중요한 일 또는 자리를 암시한다. 사업가에게는 중요한 일이 성사되고 직장인에게는 좋은 직위가 부여되는 여건이다.

필자도 홀인원을 한 번 했다. 그리고 10여 차례에 걸쳐 동반자가 홀인원하는 상황을 경험했다. 그때마다 홀인원 기념패에 상기 문구를 새겨주었다. 필자는 홀인원을 한 사람들이 모두 큰 문제를 어려움 없이 해결하고 사업을 번창시키는 것을 보았다. 소속 조직에서 승진 또는 영전의 영광을 누리는 것도 목격했다. 모두가 시·공간적 상황의 균형을 추구하며 일하고 경거망동하지 않으면서 때를 기다리는 지혜를 발휘하여 업무적 홀인원을 함께 맞이할 수 있으면 좋겠다.

42. 군 공항 이전 사업의 현안과 대응 방향   20200707
〈국방 분야 대형 건설사업의 특성을 말한다〉

> 군 공항 이전 사업은 부지를 용이하게 확보하고 사업추진 과정의 갈등을 최소화하기 위해 기부채납·양여 방식으로 추진된다. 군 공항 이전 요구주체가 군의 요구지역에 공항을 건설하여 기부하면 국가는 기존공항의 용도를 폐지하여 이전을 수행한 주체에게 제공한다.

대한민국 공군 비행장의 항공기 소음으로 인한 지역주민의 고통을 해소하고 군 임무 수행 여건을 보장하기 위해 우리나라 국방부가 '군 공항 이전 및 지원에 관한 특별법(약칭:군공항이전법)'을 제정하여 대구 기지를 비롯한 수원·광주 공항의 이전을 결정하면서 군 공항 이전 사업이 가시화되고 있다. 확장을 고려하고 있는 김해공항과 제주 2공항의 건설 계획까지 실현된다면 향후 20년 이내에 5개의 공항을 건설하기 위해 약 30~40조 원의 재원이 투입될 것으로 보인다. 앞으로 건설업계는 국방전력 증강과 국가기간시설 확충을 위해 역량을 발휘하면서 일자리 창출 및 경제 활성화에 기여할 수 있을 것이다.

특히 급변하는 동북아 지역의 안보 상황에서 우리나라의 영공방위를 책임지는 군 공항 이전 사업은 민간 건설사업과 그 성격 및 추진방식에서 큰 차이를 보이기 때문에 최근 이슈(issues)가 되고 있다.

군 공항 이전 사업은 부지를 용이하게 확보하고 사업추진 과정의 갈등을 최소화하기 위해 '국유재산법 제13조(기부채납)와 제55조(양여)'에 따른 기부채납·양여 방식으로 추진된다. 대구시·광주시·수원시 등의 이전 요구 주체가 군이 요구하는 지역에 공항을 건설하여 기부채납하면 국가(국방부)는 기존 공항의 용도를 폐지하여 이전을 수행한 주체에게 양여하고, 이전 수행 주체는 양여받은 부지를 매각하거나 개발하여 공항 이전에 투입된 비용을 회수한다. 이러한 과정에서 국방부는 '국방·군사시설사업법'에 따라 공신력 있는 기관을 국방·군사시설사업시행자로 지정하고, 동 사업시행자가 제안하는 국방·군사시설사업계획을 승인한다. 이렇게 진행되는 군 공항 이전 사업의 현안 문제는 무엇인가. 그 문제에 어떻게 대응해야 하는가.

첫째, 사업 초기부터 제기되는 첨예한 갈등의 관리가 무엇보다 중요하다. 소요를 제기하는 공군과 군사적 타당성을 검토하는 합동참모본부 그리고 이를 재원으로 구체화하여 대·내외 협의를 진행하는 국방부의 입장은 결코 수월하지 않다. 또한 종전부지를 활용하여 군 공항 이전 사업에 투입되는 재원을 마련하고 군 공항을 받아들인 지역에 대한 인센티브(incentives)도 제공해야 하는 대구시·광주시·수원시 등의 이전 주체 여건도 녹록지 않다. 그리고 부지확보·건설 과정에서 제기되는 이해관계 집단의 민원과 정치권의 관심사를 정책적·정무적으로 수용하는 과정에서 끊임없는 갈등이 빚어진다. 갈등 영향에 대한 사전분석을 통해 적절한 갈등관리가 적기에 이루어져야 한다.

둘째는 소요재원확보 및 선투자 문제이다. 이전 주체는 군 공항의 건설을 완료하여 국방부에 기부채납한 이후에나 부지를 양여받기 때문에 사업수행에 필요한 방대한 규모의 재원을 먼저 투입해야 한다. 위례 신도시 지역의 군부대 이전과 미군기지이전 사업에는 LH(토지주택) 공사가 국방군사시설사업시행자로 참여하여 재원을 선투자했지만 최근 상황을 고려해 볼 때 이러한 과정의 동일한 재현은 쉽지 않을 것 같다. 부족한 재원을 확보하기 위해서는 중장기적 안정성과 수익성을 담보로 민간자본을 유치하는 방안도 검토할 필요가 있다.

셋째는 초기부터 사업관리 능력을 갖춘 전문가 집단이 사업수행자와 함께하여 조직의 비대화를 방지하고 정책·정무적 의사결정을 기술적·사업적으로 수렴하는 과정에서 발주자와 소통해야 한다. 군 공항시설은 다양한 특수공종을 포함하는 복합기능사업이라는 점에서 시행상 오류를 제거하기 위해 종합사업관리(Program Management)를 도입할 필요성이 제기된다. 우리나라에서 종합사업관리(Program Management)는 아직 학문적 연구 대상일 뿐, 건설기술진흥법이 수용하는 제도가 아니어서 소요예산 편성의 법적근거를 확보하지 못하고 있다. 일반건설사업을 대상으로 하는 동 법에 관련 조항을 반영하기 위해 많은 시간이 걸린다면 '군공항이전법' 일부를 개정하여 종합사업관리제도를 구현할 수 있을 것으로 사료된다.

넷째는 사업관리역량 확보와 군사보안의 균형을 추구해야 한다는 것이다. 아직 감리 수준에 머물러 있는 대다수 국내업체의 사업관리능력을 감안하면 역량을 갖춘 외국 업체를 주계약자로 하는 콘소시엄을 구성하는 것이 불가피하다는 얘기를 자주 듣는다. 대한민국 군 공항의 운용 영공작전 체계를 외국 업체에게 유출하는 위태로운 발상이다. 하루속히 국내업체는 '사업관리(CM)'라는 무거운 용어를 사용하면서도 편안한 감리제도에 안주하려는 소극적 행태에서 벗어나야 한다. 발주자의 고통을 해소해 줄 수 있는 사업관리 역량을 확보하기 위해 분투해야 한다. 군 공항을 비롯한 국방군사시설의 건설 및 운용에 풍부한 경험을 갖춘 유능한 군 인력의 참신한 역할도 기대해 본다.

43. 건설사업의 리스크 관리 20200420
〈코로나19를 계기로 건설사업 리스크를 생각한다〉

> 리스크 관리의 첫 단계는 리스크 식별이다. 이어서 리스크로 인한 인적·물적 피해 정도를 계량적으로 파악하여 수치·확률·그래프로 표현하는 리스크분석을 시도한다. 그리고 리스크의 회피·감소·전가·보유를 고려하는 리스크대응 방안을 모색한다.

'코로나19'로 인해 빚어지는 고통을 온 국민이 힘을 모아 극복하고 있다. 2019년 말에 창궐한 '코로나19'는 사람의 회합과 소통을 단절시키는 '사회적 리스크(social risk)'로 작용하고 있다. 최근 건설업계 최고경영자들과 만나 대화하면서 리스크의 바다를 항해하는 작은 조각배와 다름없는 건설사업의 리스크도 식별·분석하여 대응하지 않으면 안 된다는 관점을 피력했다.

건설사업에는 안전사고와 직결되는 물리적 리스크(physical risk)는 물론, 경제적 리스크(economic risk), 재정적 리스크(financial risk), 환경적 리스크(environmental risk), 법적·제도적 리스크(legal risk), 사회적 리스크(social risk), 정치적 리스크(political risk) 등이 존재한다. 해외 시장을 공략하기 위해서도 리스크 관리(risk management)는 필수적이다. 정치·경제·사회·문화적으로 판이하게 다른 시장 여건이 진입장벽(entry barrier)으로 작용하는 현실에 더하여 각 나라는 의도적으로 규제를 강화하고 있다. 진입장벽을 넘어 해외시장을 공략하는 과정에서 시장 리스크(market risk)에 직면한다. 시장 리스크는 전 세계 어느 곳이라도 진출하여 시장을 확보할 수 있는 현실에서 인위적으로 설정된 물리적 국경은 하나의 상징에 불과하다. 시장 경쟁력이라는 힘으로 구분되는 실질적 영역은 물리적 경계와는 전혀 다른 것이다.

리스크 관리의 첫 단계는 '리스크식별(risk identification)'이다. 리스크식별은 특정 상황에서 출현할 수 있는 리스크를 미리 파악하여 분류체계를 설정하는 일련의 과정이다. 경영자는 유사한 상황에서 발생한 리스크를 조사·분석하고 자신의 경험·노하우를 적극 활용하는 것은 물론 분야별 전문가의 의견도 수렴해야 한다.

리스크식별에 이어 리스크분석(risk analysis)이 이루어진다. 리스크분석은 특정 리스크로 인해 발생할 수 있는 인적·물적 피해 정도를 계량적으로 파악하여 수치·확률·그래프로 표현하는 과정이다. 주로 사용되는 기법은 리스크 발생의 빈도·여파를 확률적으로 묘사하는 확률분석과 리스크 결과에 대한 특정인자의 영향도를 측정하는 감도분석이다. 이러한 기법 외에도 리스크 상황에 대한 전문가의 주관적 인식을 근거로 대처방안을 강구하는 시나리오분석(Scenario analysis), 델파이기법(Delphi technique), 효용이론(Utility theory), AHP(Analytic Hierarchy Process) 기법도 활용된다.

리스크 발생에 따른 결과적 영향도를 정량적·정성적으로 파악한 이후에는 리스크대응(risk response) 방안을 모색해야 한다. 가장 소극적 대응은 리스크회피(risk avoidance)다. 이익확보나 기회확대 등의 긍정적 효과는 기대할 수 없는 반면, 상대적으로 심각한 리스크를 감수해야 한다면 사업을 포기하는 것이 바람직하다. 사업을 포기하면 리스크를 회피할 수 있지만, 리스크에 내재되어 있는 기회도 함께 사라진다는 것을 유념해야 한다.

사전에 준비를 철저히 하여 리스크감소(risk reduction)에 주력할 수 있다. 안전관리를 철저히 하여 중대재해처벌법에서 규정하고 있는 건설사고와 같은 물리적 리스크(physical risk)를 미연에 방지하는 것을 그 예로 들 수 있다.

한편 발생 가능한 리스크를 다른 집단이나 조직에게 책임을 떠넘기는 리스크전가(risk transfer) 조치를 취할 수 있다. 계약단계에서 우월적 지위를 이용하여 리스크 발생에 따르는 책임을 상대방이 부담하게 하는 특약조건을 삽입하기도 한다. 구체적 위험 사안에 대해서는 보험에 가입하여 직·간접적 피해로부터 자신과 조직을 보호하기도 한다.

끝으로 투기효과를 기대하며 리스크보유(risk retention)를 고집할 수 있다. 리스크보유는 향후 상황에 대한 명확한 이해가 이루어지지 않은 상태에서 "설마 괜찮겠지"라는 낙관적 사고와 배짱으로 근거로 밀어 붙이는 주먹구구식 방법과 전혀 다르다. 리스크보유(risk retention)는 상황을 알고 밀어붙이는 과정이다. 무엇을 알아야 하는가. 특정 리스크의 발생 가능성이 매우 희박하다는 것을 알아야 한다. 발생해도 이미 보유하고 있는 자체 역량으로 충분히 대처할 수 있다는 것을 알아야 한다. 중요한 사항은 상기 대응 방식 중에서 어느 하나를 선택하여 중점적으로 사용하는 것이 아니라 특정 사업을 대상으로 상기 네 가지 대응전략 모두를 동시에 활용한다는 것이다.

44. 관성적 행태(inertial behaviour)의 경계   20210812
〈자꾸 잊어버리는 나의 결점을 상기한다〉

> 상대방에 대하여 갖는 영구적 이미지는 처음 만난 4분 동안 느끼는 분위기에 의해 대부분 형성되어 평생을 통해 거의 변하지 않는다고 한다. 상대방의 가슴에 와닿는 사람이 되기 위해서는 처음 4분 동안 어떻게 연출할 것인지를 깊이 생각해 봐야 한다.

그동안 많은 분과 대화하며 의미 있는 교훈을 얻어왔다. 교훈 내용과 의미를 곱씹으며 삶에 적용하고 특정 사안에 대해서는 학문적으로 탐구하기도 했다. 필자도 자신의 결점으로 인식한 관성적 행태를 극복하기 위해 경계해야 할 몇 가지를 토로한다.

첫째, 특정 상황에서 누가 주인공인지를 알아야 한다. 말을 해야 할 경우와 들어야 하는 상황을 구분해야 한다. 통상 듣는 것보다 훨씬 더 어려운 말을 하는 쪽을 선호하는 것 같다. 신기술 개발에 성공했다는 어떤 사람의 예를 들어보자. 이 사람은 명함을 건네자마자 자신이 개발한 기술의 우수성을 장황하게 설명한다. 1시간 정도의 대화에서 55분 이상을 참을성 있게 들어야 했다. 잠시도 말할 틈을 주지 않았기 때문이다. "기술을 사용한 사람의 평가가 매우 훌륭했습니다."라고 말한다.

같이 온 일행에게 "안 그런가?"하고 물으면 그 사람은 연신 고개를 끄덕이며 "그럼요, 정말 대단했지요."라고 답한다. 결론은 "당신은 너무나도 훌륭한 이 기술을 즉시 채택해야 할 역사적 사명을 띠고 이 땅에 태어났다."는 것이다.

자신이 개발한 기술을 스스로 좋지 않다고 말할 사람이 있는가. 말수를 줄이고 평가주체인 상대방의 말을 들어야 한다. "제가 오랜 기간 노력 끝에 기술을 개발했는데, 좋은 평가를 받고 있습니다. 사용 영역을 확대하여 노력의 결실을 거두고 싶은데 어떻게 하면 좋겠습니까? 도와주십시오."라고 말하면 그만 아니겠는가. 한마디 더 첨가한다면 "저도 은혜를 갚을 줄 아는 사람인데, 도움을 주시면 그 고마움을 결코 잊지 않겠습니다." 정도일 것이다. 물론 기술의 우수성을 증명할 수 있는 객관적 자료와 마음에서 우러나오는 진심이 뒤따라야 한다. 우호적 만남을 통해 어떠한 절차가 요구되는지를 파악하고 필요한 도움을 받을 수 있어야 한다. 아울러 추가적으로 누구에게 어떠한 도움을 받아야 하는지도 파악하여 성의 있는 또 다른 만남을 시도해야 한다. 심리학적 연구에 따르면 사람이 상대방에 대하여 갖게 되는 영구적 이미지는 처음 만난 4분 동안 느끼는 분위기에 의해 대부분 형성되어 평생을 통해 거의 변하지 않는다고 한다. 상대방의 가슴에 와닿는 사람이 되기 위해서는 처음 4분 동안 어떻게 연출할 것인지를 깊이 생각해 봐야 한다. 상대방을 자신처럼 소중히 여겨야 한다. 상대 입장에서 여건을 해석해서 말을 할 때와 들어야 할 경우를 구분하여 사려 깊은 대화를 할 수 있어야 한다.

둘째, 전문성에 지나치게 몰입되지 말아야 한다. 특정 분야 전문가가 새로운 대안을 제시하는 사람에게 "이 사람아, 나도 이 분야 전문가야, 내가 당신보다 짬밥을 먹어도 수백 그릇은 더 먹지 않았나? 긴 얘기 하지 말고 내 말대로 해"라고 말하는 경우를 자주 본다. 왜 자기 생각에 대한 자긍심은 가지면서 다른 사람의 의견은 존중하지는 않는가. 성공을 이룩했던 과거 경험이 현재 상황에서는 실패의 길로 유인하는 악수가 될 수 있다는 것을 왜 망각하고 있는가. "맞다/틀리다, 돼먹었다/틀려먹었다"라는 말은 가치(values)를 반영하는 주관적 판단이지 결코 객관적 사실(facts)은 아니라는 것을 간과하고 "내 생각이 옳다, 나야말로 사심과 편견이 없고 창의성으로 무장된 사람이다."라고 주장한다면, 자신이 이미 선입관의 제물이 되었다는 것을 시인하는 것과 다름없다.

셋째, 만남의 시간을 귀중한 정보 수집의 기회로 생각해야 한다. 모든 것이 공개되는 현실에서 내가 얻을 수 있는 정보는 경쟁자도 어렵지 않게 구할 수 있다. 정보는 시간이 지나면서 사람의 손을 거치고 주관적 판단이 가미되면서 그 가치가 퇴색된다. 사람을 직접 만나서 주고받는 정보는 세련된 것이 아니라도 공개된 정보에 비해 훨씬 생동감이 있는 것이다. 단편적 사실이나 정보 자체는 그다지 중요한 의미를 갖지 않을지라도 다른 정보와 중첩해서 비교·판단하면 그 이면에 존재하는 변화의 맥락을 읽어낼 수 있다. 특정 분야 전문지식에 파묻혀서 편협한 인간관계를 유지하다가 심각한 문제에 봉착해서야 동분서주하고 음성적 로비를 통해 문제를 해결하려고 하기보다는 일상적 만남에서 얻어지는 정보를 분석하여 작은 변화 이면의 큰 변화를 감지할 수 있어야 한다.

넷째, 잘나간다고 생각하며 현 상황에 안주하려는 습성을 배제해야 한다. 성공을 거듭해 온 개인이나 조직에게는 기존상태를 유지하려는 타성이 팽배해지면서 활력이 저하되는 현상이 싹트기 시작한다. 이때가 새로운 위기의 출발점이다. 성공적일수록 경쟁자의 관점에서 시장 환경의 변화에 따른 리스크를 식별하여 대비해야 한다. 전략적 호기심을 발동시켜서 문제의 단서를 찾아 끊임없이 사고하고 의심해야 한다. 늘 뜬 눈으로 세상을 봐야 한다.

45. 상사 찬미(上司 讚美)   20210708
〈안타까운 상사의 매력에 비친 내 모습〉

> "이건 죽어도 안 돼!"라는 말을 너무 자주 사용하지는 않는가. 죽을힘을 다해서 반격하는 상대방에게 "니 입장 내 입장 가릴 거 뭐 있나. 같이 죽자"라며 극단적 상황으로 몰고 가지는 않는가. 공존공영 방안이 존재한다는 것을 믿고 찾아내야 한다.

조직 생활을 하다 보면 청탁이나 압력에 직면하는 경우가 있다. 필자도 조직의 실세 상관(上官)으로부터 특정 사안을 긍정적으로 검토하라는 지시를 받은 적이 있다. 그러나 그렇게 처리하면 후환이 클 것 같아 동일 지시선 상의 직속 상사(上司)와 협의하여 '이행 불가'로 검토했다.

다혈질인 실세 상관의 의도와 어긋나는 보고를 하기 위해 복도를 걸어가면서 발걸음이 무거워지고 마음도 심란해진 필자는 동반한 직속 상사에게 "보고는 제가 잘하겠지만…, 상황이 좀 험악해질 것 같습니다. 잘 대변해 주십시오."라고 간청했다. 직속 상사는 "걱정 말게, 자네도 알지? 나도 한다면 하는 놈이야."라는 말로 위로해 주었다. 집무실 앞에 이르러 노크를 하니 들어오라는 목소리가 들렸다. 그 순간, 우리는 서로 얼굴을 마주 보고 눈빛을 마주치며 고개를 끄덕였다. 약속한 대로 강력하게 밀어붙이자는 무언의 다짐이었다.

보고를 받고 나서 실세 상관은 "자네들은 왜 이렇게 부정적으로만 검토해서 나를 난처하게 하나? 이 부분을 조금만 수정하면 내 입장도 살고 자네들도 크게 책임질 일이 없지 않나?"라고 말하며 질책했다. 이미 그 내용을 포함하여 불가능한 사안으로 검토한 필자가 "그 방안도 검토해 봤지만 ○○때문에 안 됩니다."라고 말하려는 바로 그 순간, 직속 상사는 "아! 그게 요점이군요. 죄송합니다. 다시 검토하겠습니다."라고 말하지 않는가. 아연실색하며 바라보는 필자에게 직속 상사는 "이 사람, 뭐 하고 있어, 빨리 가서 다시 검토하자고."라고 말하며 부랴부랴 밖으로 나왔다. 필자가 "아니, 굳게 약속해 놓고 상황이 좀 여의치 않다고 해서 그렇게 손바닥 뒤집듯이 입장을 바꾸다니요?"라고 쏘아붙였지만, 직속 상사는 "자네도 내 입장이 돼 보면 다 이해할 수 있어."라는 말만 남기고 자리를 떠나버렸다.

필자는 보고서를 다시 작성하라는 직속 상사에게 제약 조건이 많아서 그 대안도 안 된다고 대답했다. 직속 상사는 안 된다는 내용의 보고서라도 만들어 오라고 지시했다. "보고를 위한 보고가 무슨 의미가 있느냐?"라고 반발하는 필자에게 보고는 자기가 하겠으니 보고서만 만들어 오라고 재차 지시했다.

다시 보고하는 과정에서 직속 상사는 "재검토를 해봤는데 이 부분이 좀 걸리는데요."라고 말했고, 실세 상관은 "이렇게 수정하면 어떤가?"라고 반문했다. 필자는 마음속으로 "그건 심각한 위법 사항인데 왜 저렇게 쉽게 말하는가?"라고 생각했지만 직속 상사는 "예, 알겠습니다."라고 답변하고 나서 필자에게 보고서를 다시 수정하도록 지시했다. 이러한 과정을 몇 번 반복한 연후에 필자는 결국 흥분된 어조로 "이래서는 안 됩니다! 관계가 소원해지더라도 지금 분명하게 정리해야 합니다. 제가 책임지고 확실히 조치하겠으니 제게 맡겨주십시오."라고 말했다. 이 말에 직속 상사는 "이 사람, 보고는 내가 한다는데…, 보고서 만드는 것이 그렇게 어려운가? 그럼 보고서도 내가 만들지"라며 핀잔을 주었다.

결국 안 된다는 최종 보고에 실세 상관은 실망스러운 표정을 감추지 못하고 "결국 안 된다 이거지, 알겠네"라고 냉담하게 말하며 보고서를 한쪽으로 치워버렸다. 필자는 마음속으로 "이제 올 게 왔구나, 오늘 한번 박살 나고 내일부터 맘 편하게 살자"라고 다짐했다. 그러나 실세 상관은 입가에 미소를 머금고 "내가 사실 무리한 부탁을 했지?"라고 말하는 것 아닌가. 웃고 있는 직속 상사에게 "그런데 말이야, 나는 표정 한 번 안 바꾸고 성심성의껏 검토해서 보고해 주는 자네에게 무척이나 큰 고마움과 함께 미안함도 느꼈어, 난 자네 같은 사람이 우리 조직에 있다는 것이 너무 기분 좋아, 자네 뭐 내게 부탁할 것 없나? 뭐든지 말만 해, 내가 다 들어줄게."라고 말하며 환하게 웃었다.

적대적 분위기로 치달릴 것 같았던 둘 사이에서 우의가 돈독해지는 모습을 보게 된 필자는 직속 상사의 인내심과 처세를 찬미하는 수준에 이르게 되었다. 실세 상관의 지시를 단호하게 거절했다면 그 순간 소신 있는 사람으로 보였겠지만 윗사람과 불편해진 관계를 오래도록 감수했어야 할 것이다. 그러나 직속 상사는 지시사항을 이행하지 않으면서도 상황을 유쾌하게 반전시켰다.

전문성으로 무장된 사람의 협상 행태는 어떠한가. "이건 죽어도 안 돼!"라는 말을 너무 자주 사용하지는 않는가. 나는 살아야 하겠으니 너는 완전히 죽으라고 강요하지는 않는가. 상대방이 윗사람이든 동료나 아랫사람이건 이것은 간단한 사항이 아니다. 결국 죽을힘을 다해서 반격하는 상대방의 집요함에 지쳐서 "그래, 네 맘대로 해라, 그 대신 네가 얼마나 잘 사는지 내가 끝까지 지켜볼 거다."라고 악담하지는 않는가. 그리고 "왜 나만 당해야 하는가?"라는 억울한 생각을 못 이기고 "니 입장 내 입장 가릴 거 뭐 있나? 이왕 이렇게 된 거, 같이 죽자."라며 극단적 상황으로 몰고 가지는 않는가.

어느 하나 쓸모없는 이러한 태도를 배제하고 공존공영의 방안이 존재한다는 것을 믿어야 한다. 심사숙고하면 방안을 찾을 수 있다고 생각해야 한다. 머리를 써서 그러한 방안을 찾아야 한다.

46. 경영 리더(Management Leader)
〈내가 리더의 길을 포기한 이유〉

20210615

> 감수성은 상대방의 불편과 아픔을 감지하고 느낌과 정서를 인지하는 지적 능력이다. 입장 바꿔 생각해서 상대방을 이해하려는 마음을 가질 때 생긴다. 상대방의 말을 들으면서 마음 상태를 느껴야 한다. 그 느낌으로 상대방 마음의 문을 두드려 열어야 한다.

경영의 세계에서 리더(leader)는 조직의 생존과 번영을 위해 전체 입장에서 현재 상황의 갈등을 조정해야 한다. 눈앞의 현실적 이익과 중장기적 혜택의 균형을 추구하기 위해 구성원에게 희생과 양보를 촉구해야 한다. 리더 자신도 강제되지 않은 상태에서 필요한 만큼 자기 것을 포기해야 한다. 경영 리더는 조직의 내부 관성과 인간적 갈등이 난무하는 상황에 자신을 직접 노출하지 않으면 안 된다. 현재 여건에 안착하려는 기득권층의 견제와 반발에 부닥치고, 끊임없이 표출되는 이해관계의 대립으로 인해 시달리면서 절박한 현실과 반전의 순간에 직면하기도 한다. 적절한 수준의 자원을 제공받지 못하고 판단자료도 부족하며 유사경험도 없는 현실에서 일하면서도 결과가 잘못되면 모든 것이 무위로 돌아가는 결정적 위기를 겪기도 한다. 이렇게 절박한 상황에서도 생존·번영하기 위해 경영 리더가 갖춰야 할 요건은 무엇인가. 경영 리더의 삶을 관찰하면서 다음과 같은 실전 역량의 구축이 절실하다는 생각을 갖게 되었다.

첫째, 자기 삶의 과정을 끊임없이 개척하여 인간적 신뢰를 구축해 둬야 한다. 평소에 필요한 희생과 양보를 감수하여 존경과 사랑을 받아야 하고 명예심도 확보해 놓아야 한다. 경영 리더는 필요한 자원과 인간적 협조를 얻기 위해 항상 누군가를 만나야 한다. 이때 자신의 평판과 소문이 상대방에게 먼저 전달된다. 협조를 구하기 위해 만나는 사람이 이미 "그는 도저히 신뢰할 수 없는 사람이다."라는 생각을 굳히고 있다면 그 만남은 아무 의미를 가질 수 없다. 반면 상대가 "그 사람은 신의와 성실성을 갖췄을 뿐만 아니라 상황에 따라 자기희생도 감수할 줄 아는 매력적인 사람이다."라고 판단한다면 만남에 앞서 이미 필요한 것을 상당 부분 얻은 것이나 다름이 없다.

둘째, 대화·타협 과정에서 늘 상 직면하는 긴박한 갈등 상황에 두려움을 느껴서는 안 된다. 리더는 평소에 친분을 갖지 못한 사람과도 수시로 만나 상대의 자존심과 기분을 손상하지 않으면서 필요한 것을 얻어내야 한다. 그러나 상대가 만남 자체를 원하지 않을 때도 있고 만남이 이루어져도 적개심을 보이는 경우도 적지 않다. 그럼에도 결과가 잘못되면 자신의 입지가 붕괴되고 조직도 와해될 우려가 있는 상황에서 느끼는 두려움은 참으로 감당하기 힘들 것이다. 어떻게 처신해야 하는가. 분명한 것은 두려움을 회피한다고 해서 문제가 사라지는 것이 아니라는 사실이다. 두려움을 외면하지 말고 가슴을 열어서 그대로 느껴야 한다. 마음속으로는 두려움에 떨면서 겉으로 태연한 척하는 모습은 자연스럽지 못하다. 자신을 지켜보는 주변 사람들을 의식한 나머지 큰소리치는 행위도 허세다. 문제해결에 전혀 도움이 되지 않는다. 두려움을 온전히 받아들여서 상대방에게 한층 더 가까이 다가갈 수 있는 열정으로 바꾸어야 한다. 상대방도 나와 같은 사람이고 보면 신실한 리더가 전하는 신뢰감과 성실성 그리고 가슴 깊은 곳에서 우러나오는 에너지에 무감각할 수만은 없을 것이다. 사람은 섬세한 악기와 같이 민감한 존재여서 신의와 진심으로 가득 찬 마음에 결코 무관심할 수만은 없기 때문이다.

셋째, 상대방의 표정·눈빛·목소리·자세에서 전해지는 미세한 마음의 움직임도 감지하는 감수성을 갖춰야 한다. 감수성은 상대방의 불편과 아픔을 감지하고 느낌과 정서를 인지하는 지적 능력이다. 입장 바꿔 생각해서 상대방을 이해하려는 마음을 가질 때 생긴다. 상대방 말을 한마디도 놓치지 않고 들으면서 마음 상태를 있는 그대로 느껴야 한다. 그 느낌으로 상대방 마음의 문을 두드려 열어야 한다.

넷째, 사고의 유연성을 갖춰야 한다. 유연성은 극단적 관계를 형성하는 두 가지 이상의 대상 사이를 개념적으로 신속히 왕래하며 균형적 상황을 유도할 수 있는 사고능력이다. 특정 상황에서 피해를 보는 사람과 이득을 보는 집단(조직)을 동시에 고려하여 둘 사이의 관계가 가능한 한 조화롭게 유지되도록 배려하는 능력이다.

다섯째, 협상과 타협 과정에서 조금도 흔들리지 않고 대처할 수 있는 강인한 체력과 정신력이 필요하다. 원하는 결과를 반드시 얻어내겠다는 자신감을 상대방에게 부드럽고 정중하게 전달해야 한다. 국가 중대사를 결정하는 협상이나 리더 자신과 소속 조직의 존립 기반을 위태롭게 하는 문제의 협상·타협을 마치고 나서 느끼는 피로감은 축구 전·후반전을 전력을 다해 뛰고 난 이후의 그것과 다르지 않다. 리더가 항상 심신을 갈고 닦아야 하는 이유도 여기에서 비롯된다.

　경영 리더의 영역에 진입하고자 하는 사람은 탁월함으로 무장된 그 누구일 뿐, 필자가 엄두를 낼 수 있는 길은 아닌 것 같다.

47. 직감(gut feel)과 배짱(boldness) 20210513
〈안타까운 경영 현실의 근원〉

> 직감이 맞으면 왜 맞는지를 규명하지 못한 채, 또 다른 사안에 대하여 바람직한 성과를 기대하는 경영자는 차열한 경쟁상황에서 살아남지 못한다. 두둑한 배짱이 멋져 보이지만 결과적으로 잘못된 상황에서 당당하게 책임지는 모습을 보이는 적이 있는가.

문제와 관련된 한두 마디 말만 듣고도 실질적 효력을 발휘하는 해결 대안을 즉시 제시하는 경영자는 조직 구성원의 존경과 사랑을 한 몸에 받는다. 문제에 관한 보고를 받자마자 바로 대안을 제시하는 경영자의 두뇌는 어떻게 작동하는가?

보고를 받으며 경영자는 본인이 해결해야 할 문제가 무엇인지를 파악한다. 문제의 원인을 생각해 보고 향후 파생되는 결과를 가늠하면서 그 중요도와 책임소재를 생각한다. 무엇 때문에 생긴 문제이고 결과의 심각성은 어떠한지, 책임은 전적으로 누가 져야 하는지, 감사 조사를 받으면 누가 곤란을 겪을지를 두루 생각한다. 이렇게 문제에 대한 인과관계를 규명하여 영향인자를 식별해 보면 눈앞의 문제가 간단하지 않다는 사실을 깨닫는다. 기술 이면에 돈 문제가 있다. 돈의 의미를 추적하다 보면 복잡한 이해관계에서 비롯되는 인간적 갈등이 드러난다. 갈등 관련 사안을 하나하나 따져나가다 보면 여지없이 시간적 제약에 직면한다.

경영 현실의 문제에 영향을 미치는 인자는 참으로 복잡·다양한 반면, 경영자도 제한적 인식능력만을 갖춘 사람이다 보니 관련 요소 모두를 심층적으로 고려할 수 없다. 결국 자신만의 제한적 지식과 경험을 근거로 중요하다고 판단한 핵심 인자 위주로 상황을 단순화시켜서 해결이 가능한 범주를 설정한다. 이렇게 설정된 문제해결의 범주가 상황(situation)이고 상황을 설정하는 일련의 과정이 상황인식이다. 상황인식 과정에서 핵심 인자를 중심으로 문제를 해결이 가능한 형태로 재구성하는 경영자의 두뇌활동 과정을 인지심리학(cognitive psychology)에서 휴리스틱(heuristics)이라고 명명한다.

경영자는 휴리스틱이라는 직관적 과정을 통해 머릿속에 설정한 '범주(category)'라는 프리즘(prism)으로 상황을 해석한다. 상황이 복잡하다고 말하는 경우 실제상황이 복잡한 것이 아니다. 경영자가 휴리스틱 과정을 거쳐서 머릿속에 주관적으로 인식한 사고영역에 질서가 없다는 것이다. 휴리스틱 능력에 힘입어 경영자는 문제에 대한 복잡한 분석 과정을 거치지 않고도 해결 대안을 즉시 제시할 수 있다. 휴리스틱 과정에서 지식과 경험이 절대적 역할을 한다.

휴리스틱을 구성하는 또 다른 요소가 있다. 직감(gut feel)과 배짱(boldness)이다. 직감·배짱이 경영자의 신념과 결합하면 의사결정에 지배적 영향력을 미친다.

직감(直感)은 이유를 명확하게 설명할 수는 없지만 특정 대안이 긍정적 효력을 발휘하거나 부정적 결과를 초래할 것이라는 직관적 판단이다. 소위 "감이 좋으니 한 번 해보자", "느낌이 안 좋으니 일단 시행을 보류하자"는 방식으로 결정하는 경우가 직감에 의존하는 대표적 상황이다.

직감은 특정 분야에서 오랫동안 종사하면서 체득한 탁월한 감각이다. 문제는 논리성과 합리성이 부족하여 검증이 불가능할 뿐만 아니라 개인으로서 체득할 수 있는 지식·경험의 한계로 인해 불가피하게 적지 않은 편견(bias)을 내포한다는 것이다. 운이 좋아서 직감이 맞아떨어지면 위기 상황을 결정적으로 반전시킬 수 있다. 그러나 직감적 판단이 맞으면 왜 맞는지를 논리적으로 규명하지 못한 채, 또 다른 사안에 대하여 바람직한 성과를 기대하는 경영자는 궁극적으로 치열한 경쟁 상황에서 살아남지 못한다. 필자는 가끔 직감을 과신하며 무모한 자세를 견지하다가 씻을 수 없는 결정적 과오를 범하고 초라한 모습으로 추락하는 경영자를 본다.

배짱은 어떠한가? 배짱은 "되든 안 되든 한번 밀어붙여 보자. 안 되면 내가 책임지면 될 것 아닌가?"라는 의지에 근거한 단호한 결단력이다. 두둑한 배짱의 소유자가 멋져 보이기는 하지만 배짱으로 호기를 부리던 사람들이 결과적으로 잘못된 상황에서 당당하게 책임지는 모습을 보이는 적이 있는가. 부정적으로 악화된 상황에서 책임소재를 규명하기 위해 감사 혹은 조사를 받는 경우 잘못되면 책임지겠다고 큰소리치던 사람이 "본인은 현 상황과 전혀 관련이 없다."라고 주장하는 모습을 너무나도 자주 보아 왔다. 어떻게 배짱을 믿고 일할 수 있겠는가. 그럼에도 배짱을 부리다가 망하는 길을 가는 경영자를 요즘에도 가끔 보게 되는 현실이 안타까움을 자아낸다.

직감은 제한적 지식·경험에서 비롯되는 것이다. 반드시 편견을 내포하고 있어서 믿고 의지하기에는 너무나도 불안정한 것이다. 아무리 그럴듯해도 직감은 반드시 합리적 절차에 따라 검증되어야 한다. 그렇지 않으면 배짱과 손을 잡은 직감이 경영자 자신은 물론 소속 조직도 몰락으로 이끄는 촉매제로 작용한다.

48. 감수성(sensitivity)과 상상력(imagination)   20210412
〈매력적 인간의 아름다운 최고 역량〉

> 상황을 총체적으로 파악할 수 있는 감수성과 상상력은 고객에 대한 인간적 배려를 통해서 확보된다. 경영자에게 우선적으로 요구되는 역량은 고객의 입장에서 필요로 하는 질문을 던져서 고객이 자신의 요구사항을 편하게 말하게 하는 능력이다.

전문 분야의 기술적 문제는 검토 대상을 세분화하여 심층적으로 분석하고, 그 결과를 종합하는 합리적 접근방식으로 해결될 수 있다. 인간적 행태를 포함하는 실전 현실은 살아 움직이는 유기체와 같이 수시로 변화하면서 비합리적 상황을 표출하기 때문에 합리적 사고만으로는 한계에 봉착할 수밖에 없다. 복잡·다양한 요소가 상호연관된 유기체적 현실은 전체가 부분의 합 이상이 되도록 하는 그 어떤 것을 내포하기 때문이다. 생물체의 구성요소를 해부학적으로 구분하여 분석하고 나서 재결합하면 분석 대상의 가장 중요한 특성인 생명력을 상실하기 때문에 더 이상 유기체로서 의미를 갖지 못하는 경우와 다르지 않다. 상황의 본질을 파악하기 위해서는 전체적 이해와 부분의 분석을 동시에 진행해야 한다. 부분보다는 전체를 먼저 보고 아울러 인간적 요소를 중심으로 부분과 전체의 조화·균형을 추구해야 한다.

상황을 총체적으로 파악하는 능력은 감수성(sensitivity)과 상상력(imagination)에서 비롯되는 역량으로 고객에 대한 인간적 배려를 통해 확보된다. 정의된 문제를 해결하는 것이 지식이라면, 문제해결 과정의 각 단계에서 요구되는 지식의 논리적 연계성을 밝혀놓은 절차가 방법론이다. 방법론은 지식보다 훨씬 더 강력하지만 이에 앞서 문제 상황을 정확히 파악하기 위해 보다 더 절실한 것은 감수성이다. 해결 방향을 모색하는 과정에서 상황 변화를 고려하여 대안의 미래(alternative future)를 설정하는 과정에서 요구되는 시나리오를 구성하기 위해 상상력이 발동돼야 한다. 논리적 사고는 이렇게 설정된 문제해결 방안과 결과를 이해 관계자에게 설명하면서 자기 입장을 정당화하기 위해 요구된다. 이어서 필요한 단호한 결단력과 강력한 추진력은 긍정적 결과를 확신한 경영자가 자기 생각을 실행하는 과정에서 발휘하는 행동의 미덕이다.

상황을 이해하지 못하면 문제의 본질을 규명할 수 없고 논리적 접근도 의미를 가질 수 없다. 구체적 해결을 위해 도입되는 지식도 무용지물이 될 수밖에 없다. 경영자는 문제를 해결하려고 노력하기에 앞서 상황을 파악하고 문제의 의미를 탐색해야 한다. 문제를 해결하는 것보다 찾아내는 것이 훨씬 더 중요하고 어렵기 때문이다.

유행을 창조한다고 하는 패션디자이너(fashion designer)가 상황을 파악하여 문제를 탐색하는 과정을 살펴보자. 패션디자이너는 유행을 창조하기보다는 유행의 소요를 찾아내어 추종하는 사람인 것 같다. 새로운 스타일은 처음부터 패션디자이너의 머릿속에서 고안되는 것이 아니다. 고객의 기호를 파악하여 인식한 문제를 해석하면서 나오는 것이다. 패션디자이너는 의상을 디자인하기 전에 사람의 옷매무새와 행동을 관찰한다. 대화를 통해 사람의 심리적 내면에 존재하지만 표현하지 못해 아쉬움을 유발하는 욕구로서의 '그 무엇'을 찾아내어 이미지로 형상화한다. 이미지에 향후의 변화추세를 반영하여 개성과 품격을 담은 의상으로 발전시킨다. 사람의 마음을 읽고 기호를 파악하는 능력은 감수성에서 비롯된다. 향후 추세를 고려하여 공간적 적합성과 시간적 적응성을 확보하는 작업은 상상력 발휘의 일환이다.

다른 예로 주택설계 의뢰자(client)와 건축가(architect)의 대화 과정을 생각해 보자. 대화를 시작하면서 "어떻게 설계해 드릴까요?"라고 묻는 건축가는 초보적 수준의 설계실무자에 불과하다. 이렇게 직설적으로 질문하면 건축적 전문성을 갖추지 못한 의뢰자가 자신에게 적합한 주거의 조건을 구체적으로 제시할 수 있겠는가. 바람직한 접근방식은 가족 구성원의 수, 자녀의 나이와 취미, 가족의 생활방식을 포함하는 다양한 질문에 의뢰자가 부담 없이 답변하면서 자신의 요구조건을 자연스럽게 말하도록 하는 것이다. 건축가는 그 답변에 감수성과 상상력을 더하여 의뢰자가 진정으로 요구하는 주택의 기능과 형태를 제시할 수 있어야 한다. 대화가 끝난 후에 건축가가 "고객께서 원하시는 집은 바로 이것입니다."라고 제시하는 설계 방향에서 의뢰자가 가슴속에 늘 존재하고 있지만 구체적으로 표현하지 못해 답답해하던 '그 무엇'을 확인했다면 그 순간에 고객 만족을 넘어 고객 감동이 실현된 것이다. 의뢰자의 요구조건을 명확히 정의할 수 있다면 남은 일은 분야별 전문가의 전문지식을 동원하여 그 조건을 구체화하는 것이다.

경영자에게 우선적으로 요구되는 핵심역량은 고객의 입장에서 필요로 하는 질문을 던져서 고객 스스로 자신의 요구사항을 편하게 말하도록 하는 능력이다. 답변에 귀 기울이면서 감수성과 상상력을 가미하여 고객의 공감을 얻어내는 기술(art)이다.

49. 경영적 생존과 번영의 원리   20210128
〈먼저 주고 나중에 잘 받아야 한다〉

> 원가절감이 생산성 분야에서 강조된다면 가치 향상은 창조성 영역에서 중시된다. 생산성이 과정의 효율성을 추구한다면 창조성은 투입에 대한 결과를 중시한다. 아파트를 짓기만 하면 분양되던 시절은 오래전에 끝났다. 잘 분양될 아파트를 건설해야 한다.

생존·번영을 보장하는 경영 조건은 무엇인가? 핵심 주거시설인 아파트를 건설하여 분양하는 건설회사를 예로 들어 탐색해 보자.

건설회사는 입주자가 원하는 아파트를 제공하고 공사원가(cost)에 합리적 수준의 이익을 얹은 금액으로 분양가(price)를 책정해야 한다. 예를 들어 공사원가가 평당 2,000만 원이고 분양가가 평당 3,000만 원이라고 하자. 이러한 관계를 수학적으로 표현하면

'분양가(3,000만 원/평) > 공사원가(2,000만 원/평)'의 부등식이 된다. 부등식 좌변 분양가(3,000만 원/평)와 우변 공사원가(2,000만 원/평)의 차액(1,000만 원/평)은 이익이다. 이익은 건설회사가 확대 재생산을 통해 입주자에게 더 나은 서비스를 제공하고 소속 직원의 처우를 개선하는 한편, 국가에 세금을 낼 수 있도록 하는 힘의 원천이다.

이제 입주자 입장을 고려해 보자. 입주자는 아파트의 가치(value)가 분양가(price)보다 클 것을 원한다. 어느 건설회사가 평당 3,000만 원에 분양하는 아파트의 모델하우스를 둘러본 입주자가 "이 아파트 분양가는 평당 3,000만 원이지만 다른 건설회사가 평당 4,000만 원에 분양하는 아파트 가치와 다를 바 없다."라고 말한다면, 그 가치는 평당 4,000만 원이 된다. 이러한 상황을 수학적으로 나타내면

'아파트가치(4,000만 원/평) > 분양가(3,000만 원/평)'의 부등식이 된다. 부등식 좌변 아파트가치(4,000만 원/평)에서 우변 분양가(3,000만 원/평)를 뺀 차액(1,000만 원/평)은 건설회사가 입주자에게 부여하는 혜택이다. '이익'이라는 표현 대신 '혜택'으로 언급하는 이유는 돈으로 환산할 수 없는 무형적 편익까지도 고려해야 하기 때문이다.

이렇게 제시된 두 개의 부등식을 결합하면

'아파트가치>분양가>공사원가'가 된다.

이러한 관계를 우리나라 경영학계 석학 윤석철 교수는 생존부등식[1]으로 언급한다. 생존부등식의 어느 한쪽 부등호라도 반대 방향으로 바뀌면 바로 그날이 경영자의 제삿날(?)이 된다.

---

1) 윤석철(1991)의 용어·개념을 건설회사의 아파트 건설·분양 과정에 적용함.
윤석철, Principia Mamagementa, 경문사, 1991.

생존부등식을 보다 잘 충족시켜서 생존을 넘어 번영에 이르는 원리를 규명해 보자. 먼저 우측의 부등식(분양가>공사원가)을 살펴보자. 건설회사가 더 많은 이익을 얻기 위해서는 부등식 좌변의 가격에서 우변의 원가를 뺀 값(분양가격-공사원가), 즉 시공자 이익을 키워야 한다. 시공자 이익을 키우는 가장 손쉬운 비결은 분양가를 높이는 것이다. 분양가가 점점 높아지다 보면 어느 순간 분양가와 아파트 가치가 같아진다. 이어서 분양가가 아파트 가치를 상회하면 생존부등식 좌변 부등호의 방향이 바뀌는 현상(아파트가치<분양가)을 초래한다. 이렇게 되면 아파트는 더 이상 상품으로서의 경쟁력을 갖지 못하게 된다.

분양가를 올릴 수 없으면 생산성을 높여서 공사원가를 절감해야 한다. 우리나라 건설업계는 생산성 향상으로 국가 경제 발전에 적지 않은 기여를 해왔다. 중동 건설시장의 뜨거운 열풍을 견뎌 내며 외화를 획득한 결과에 힘입어 80년대의 초반 두 차례에 걸친 오일쇼크를 극복할 수 있었다. 국내에서는 열악한 여건에서 공사 기간을 준수하기 위해 잔업과 강행공사를 마다하지 않았다.

생존부등식의 좌변(아파트가치>분양가)을 살펴보자. 아파트가 잘 분양되려면 분양가보다 더 높은 가치를 가져야 한다. 가치를 높여서 입주자 혜택(아파트가치-분양가격)을 늘려야 한다. 우선적인 방법은 분양가를 낮추는 것이다. 분양가가 낮아지다 보면 어느 순간 분양가와 공사원가가 같아지는 상황을 맞이한다. 더 나아가 분양가가 공사원가 보다 적어지는 상황(분양가<공사원가)에 직면한다. 일시적으로 이러한 전략을 구사할

수 있겠지만 같은 상황이 반복되면 건설회사는 이익을 내지 못하여 결국 도산될 수밖에 없다. 자선사업이라면 몰라도 경영의 세계에서 이러한 일이 지속되어서는 안 된다. 결국 가치를 높이는 방안 외에는 다른 대안을 생각할 수 없게 된다.

아파트 건설사업의 핵심 전략은 원가절감·가치향상이다. 가격은 시장 상황이나 경쟁 여건에 따라 '보이지 않는 손(invisible hand)'에 의해 정해지는 것이다. 생산 주체인 건설회사가 임의로 통제할 수 있는 요소가 아니다. 원가절감이 다수 인력의 적극적 노력을 중시하는 생산성 영역에서 강조되는 대안이라면 가치향상은 창의적 사고를 갖춘 소수 엘리트에 의해 실현되는 방안으로 창조성 영역에서 중시된다. 생산성이 과정의 효율성(efficiency)을 추구한다면 창조성은 투입에 대한 산출 결과를 중시하는 효과성(effectiveness)을 지칭한다.

아파트를 짓기만 하면 분양되던 시절은 오래전에 끝났다. 창조적 관점으로 어떠한 아파트가 잘 분양될 것인지를 파악하고 그에 맞춰서 건설하지 않으면 생존부등식 부등호 방향이 바뀌면서 건설경영자 자신의 역할을 상실할 수밖에 없다. 소속 조직의 존립 기반도 무너질 것이다.

50. 필요의 진공(vacuum of needs)을 찾아서… 20201229
〈경쟁의 유토피아를 모색한다〉

> 필요의 진공은 반드시 필요하지만 충족되지 않아 불편을 야기하는 부분이다. 필요의 진공을 찾기 위해 요구되는 것이 전략마인드라면, 찾아낸 진공의 형상에 자신을 맞추어 나가는 능력이 유연성이다. 전략마인드와 유연성의 결합이 경쟁력의 요체다.

이제 남이 하는 일에 뛰어들어 중간만 하면 먹고 살 수 있다는 생각은 더 이상 통용되지 않는다. 업무영역이 다양한 분야로 세분화되어 진출할 수 있는 분야는 많아졌지만, 각 분야에서 1등이 아니면 아무런 의미가 없다. 특성화·차별화된 자기 영역의 확보가 절실하다. 자기만의 영역을 확보할 수만 있다면 내가 1등을 하기 위해 다른 사람을 짓밟아야 하는 무차별적 경쟁에서 벗어날 수 있다. 자기 분야에서 1등을 하면서 다른 사람의 일과 조화를 이룰 수 있다. 이를 위해 필요한 것이 '필요의 진공(vacuum of needs)'을 먼저 찾아 재빨리 충족시키는 역량이다.

필요의 진공은 꼭 필요하지만 충족되지 않아서 불편을 야기하는 부분이다. 필요의 진공은 시간적 변화의 산물이다. 필요의 진공은 "나 여기 있소"라고 말하며 그 실체를 보여주지 않는다. 충족되지 못한 필요 때문에 불편을 느끼는 우리 자신조차도 진정 필요한 것이 무엇인지를 정확히 표현하기 어렵다. 불특정 다수 고객의 필요를 파악하여 제품·서비스를 개발하는 일은 얼마나 어렵겠는가. 끊임없이 마음을 갈고 닦아 민감성(sensitivity)을 확보한 사람만이 필요의 진공을 신속히 파악하여 그 형상에 자신을 맞출 수 있다.

필요의 진공은 내 발에 맞지 않는다고 거부할 수 있는 구두 같은 것이 아니다. 진공을 충족시키는 일은 주어진 구두에 맞추기 위해 칼로 자기 발을 도려내야 하는 비정한 작업과 다르지 않다. 필요의 진공을 먼저 찾아서 충족시키는 일은 광범위한 영역에서 자신만의 영역을 확보하는 과정이다. 필요의 진공을 찾기 위해 '전략마인드(strategic mind)'가 요구된다면 진공 형상에 자신을 맞추기 위해 '유연성(flexibility)'이 필요하다. 전략마인드와 유연성의 결합이 바로 경쟁력의 요체다. 필요의 진공을 찾아서 충족시키는 방법이 있는가. 필자가 고심하여 정립한 일반 원칙을 피력한다.

첫째, 현재 상황이 미래에는 어떻게 바뀔 것인지에 대한 상상을 끊임없이 지속해야 한다. 폭넓은 독서를 통해 정보를 획득하고 관련 분야 전문가와 소통하여 향후 변화된 상황에서 가장 필요한 지식·전문성이 무엇인지를 탐색해야 한다.

둘째, 탐색이 이루어진 분야 중에서 다른 사람이 먼저 시작하여 잘 하고 있는 영역은 철저히 배제해야 한다. 남보다 늦게 시작한 분야에서 1등을 한다는 것은 대단히 어려운 일이다. 1등을 할 수 없는 일에는 단돈 1원도, 단 1분의 시간도 투자해서는 안 된다는 것이 필자의 소견이다.

우리나라에 수많은 '박수'가 있다. '박수'가 무엇인가? '박사학위를 가진 백수'를 뜻한다. 매년 어김없이 국내 각 대학에서 많은 인재가 박사학위를 받는다. 해외 유수 대학에서도 적지 않은 인력이 학위를 취득하여 귀국한다. 문제는 이들을 수용할 수 있는 대학·연구소나 기업의 수요가 극히 부족하다는 것이다. 고급 인력의 실업문제는 오래전부터 심각하게 인식되었다. 몇 년 전 자료에 따르면 우리나라에 석사학위 이상의 소유자가 113만 명이지만 시장수요는 24만 명에 불과하다고 한다. 무엇 때문에 유능한 인재들이 박수가 되었을까. 공부를 열심히 하지 않았는가. 머리가 남보다 나빴는가. 노력하지 않았거나 머리 나쁜 사람이 어떻게 박사학위를 취득할 수 있겠는가. 다른 사람이 미리 시작하여 이미 잘하고 있는 분야를 선정했기 때문이다. 열심히 공부하기에 앞서 필요의 진공을 파악하여 장래가 촉망되는 분야를 먼저 식별했어야 했다. 부지런히 노력하는 것도 중요하지만 어떠한 분야를 선정하는가의 문제가 훨씬 더 중요한 의미를 갖는다.

세 번째로 해야 할 일은 다른 사람이 이미 잘하고 있는 분야를 제외하면 남는 대상이 그다지 많지 않을 것이라는 전제에서 남은 몇 가지 중 자신의 성장과정·교육배경·업무경험·성격·개성·친구관계·가족사항을 고려하여 좋아하면서도 잘할 수 있는 일을 찾는 것이다. 좋아하지만 잘할 자신이 없거나, 잘할 수는 있어도 좀처럼 재미를 느끼지 못하는 일이라면 다시 생각해 봐야 한다. "이것만큼은 내가 누구보다도 더 좋아해서 즐길 수 있고, 또 더 잘할 수 있지 않겠는가?"라고 자신 있게 말할 수 있는 분야를 선정해야 한다.

마지막으로 해야 하는 것은 최종적으로 선정한 그 분야에서 신명을 다해 유쾌하게 노력하는 것이다. 좋아하기 때문에 열심히 하고, 열심히 노력한 만큼 더 많이 얻는 성과에 더 큰 재미를 느껴서 더욱더 열심히 하는 선순환의 고리를 연결하는 것이다. 팔자가 피는 것은 결국 시간 문제 아니겠는가.

51. 건설경영자의 3가지 역할
〈관리자·창조자·리더 역량의 조화〉

20201020

> 다른 사람에게 필요한 희생을 요청하는 것이 리더의 역할이다. 리더 자신도 강제되지 않은 상태에서 자기 것을 필요한 만큼 희생해야 한다. 희생을 감수하는 리더는 무엇으로 보상 받는가. 존경과 사랑을 받고 명예심을 간직할 수 있어야 한다.

그동안 적지 않은 건설경영자와 만나 나눈 대화 내용을 정리하면서 경영자의 본질적 역할에 대한 개념을 정립할 수 있었다. 코로나19의 영향으로 위축된 현실에서 더욱 절실하게 느껴지는 경영자 역할을 3가지로 구분하여 언급한다.

첫째는 상황을 넓게 보는 관리자 역할이다. 반복적인 일상 업무의 추진 과정에서 직면하는 문제는 복잡하지 않고 해결을 위해 많은 시간이 요구되지도 않는다. 그러나 그때그때 철저히 해결하지 않으면 문제가 누적되어 큰 문제로 번지기 때문에 해결 시점을 놓쳐서는 안 된다. 그렇다고 문제해결에만 주력하는 소극적 관리에 머물러서는 안 된다. 상황을 파악하여 문제의 속성과 본질을 규명해야 한다. 문제 상황에 영향을 미치는 주변 환경의 변화도 인식해야 한다. 문제 자체는 물론 문제와 관련된 영역 전체를 한꺼번에 조망하는 지적 시야를 확보해야 한다.

사업 수주를 위해 이전투구하는 과정에서 겪는 불합리한 현실을 발주자 탓으로만 돌려서는 안 된다. 요구사항을 합리적 절차에 따라 전달하여 보다 나은 수주 여건을 조성해 나가야 한다. 몇 년 전에 내부적으로 치열한 투쟁을 거친 끝에 적정예산을 확보하여 사업을 발주했지만, 특정 업체가 현저히 낮은 가격으로 입찰하여 수주를 한 사례가 있었다. 그때 필자는 예산확보 과정에서 이해관계를 달리했던 부서로부터 "그래도 이윤이 나니까 공사에 참여한 것 아니겠느냐? 모두 한통속인 것 같다."라는 의심 어린 핀잔을 들을 수밖에 없었다. 결국 공사과정에서 적지 않은 물의를 일으킨 이 업체를 동조한 것으로 여겨진 필자의 고충과는 별개로 훼손된 건설업계의 신뢰는 돈으로 환산할 수 없는 지대한 것이었다. 눈앞의 현실에만 집착한 결과, 업계 전체의 신뢰 기반을 붕괴시키는 일은 없어야 한다. 다급하다고 자기 팔·다리를 잘라먹는 무모한 짓으로 보였다.

둘째는 시간적으로 보다 멀리 볼 수 있는 시력을 확보하여 변화를 수용하고 필요시 선제적 변신으로 변화를 주도하는 창조자 역할이다. 미래를 읽어 '필요의 진공(vacuum of needs)'[2]을 먼저 찾아내어 충족시켜야 한다. 필요의 진공은 변화의 산물이다. 꼭 필요하지만 충족되지 않아 불편을 야기하는 부분이다. 충족되지 않아서 불편을 느끼면서도 정확히 표현하지 못해 답답함을 느끼는 고객의 욕구를 파악하여 맞춤형 서비스를 제공하는 것이 경영자의 창조적 역량이다.

'코로나19'라는 '사회적 리스크(social risk)'가 만연한 현실에 대응하기

---

[2] 윤석철, Principia Mamagementa, 경문사, 1991.

위해서는 "앞으로 무슨 일이 있을까?(What will happen?)"라는 생각으로 막연하게 변화를 기다려서는 안 된다. "향후 무슨 일이 생길 수 있을까?(What can happen?)"라는 관점에서 대안의 미래(alternative future)를 설정하고 변화를 주도하여 궁극적으로는 위기를 기회로 전환해야 한다.

셋째는 리더(leader)로서 갈등관리·신뢰확보·소통의 주체가 돼야 한다는 것이다. 구성원의 요구와 조직의 이익이 충돌할 때, 리더는 설득을 통해 이들로부터 부분적 이익의 양보를 받아내야 한다. 현실적 이익과 중장기적 미래 혜택이 상충하는 경우 눈앞의 이득에 연연하는 사람에게 가슴을 울렁이게 하는 비전(vision)을 제시하여 단기적 요구사항을 희생하도록 설득해야 한다.

다른 사람에게 희생을 요청하는 것이 리더 역할인 만큼 리더도 강제되지 않은 상태에서 자기 것을 필요한 만큼 포기해야 한다. 희생을 위해 존재하는 사람이 어디 있겠냐마는 작금의 상황은 리더 계층의 값진 희생을 그 어느 때보다 절실하게 요구하고 있다. 자기희생을 감수하는 리더는 무엇으로 보상받아야 하는가. 희생을 견디어 내는 리더는 존경과 사랑을 받고 명예심을 간직할 수 있어야 한다. 더 나은 국가·사회로 진전하기 위해 리더 계층은 희생을 감수하면서 신뢰를 구축해야 한다. 신뢰를 기반으로 소통 체계를 구축해야 한다. 스스로 소통의 주역이 돼야 한다.

대한민국 건설산업은 GDP의 14~15% 비중을 차지한다. 기업체 수는

78,000여 개에 이르고 종사자는 무려 170만여 명에 달한다. 이렇게 방대한 규모의 건설업계가 제대로 자리매김하기 위해서는 경영자 계층의 3가지 역할이 필수적이다. 상황을 폭넓게 인식하는 관리자 역할은 기본이다. 미래를 인식하여 변화를 시도하고 상황에 따라서는 스스로 변신하여 미래 환경을 주도하는 창조자 역량을 발휘해야 한다. 조직 내외부의 이해관계 충돌을 조정하고 당면 현실의 이익과 중장기적 미래 혜택의 상충으로 빚어지는 갈등을 관리해야 한다.

52. 지식과 경험
〈지식·경험, 버리는 것이 상책이다〉

20200917

> 경영자의 핵심역량은 필요한 지식을 끌어모아 문제를 신속히 해결하고 유효기간이 지난 지식을 폐기 처분하는 능력이다. 변화 막심한 상황에서 경험 많은 것이 결코 자랑거리가 될 수 없다. 창의적 해결 경험이 당면문제의 창조적 해결을 저해하기 때문이다.

급속도로 변화하는 상황에서 우리가 확보한 지식은 필요한 전문성에 비해 극히 부족할 수밖에 없다. 보유하고 있는 제한적 지식마저도 빠른 속도로 녹슬어 가고 있다. 이미 녹슬어서 더 이상 쓸모없게 된 경우가 대부분이다. 최근 필자가 서명해서 건넨 저서를 받은 어느 경영자는 책을 천천히 넘기며 유심히 살펴보고 나서는 본인이 모르는 최신 지식이 가득하다면서 꼭 읽어보겠다고 말했다. 그 말에 가책을 느낀 필자는 다음과 같이 답했다.

"결코 새로운 내용이 아닙니다. 4~5년 정도 공부한 내용을 정리해서 책을 썼습니다. 기획·출판하면서 또 1년이 걸렸습니다. 결국 책에 기록된 사항은 5~6년 전의 지식에 불과합니다. 문제는 5~6년 전의 성공 비결은 이제 실패를 부르는 악수(惡手)가 될 만큼 세상이 변했다는 것입니다. 책 내용을 전적으로 신뢰하지 마시고 참고만 하십시오."

복잡·다양한 경영 현실에서 책 속의 지식은 상황 이해에 도움이 되지만 직접적 해결책은 아니다. 결정이 실행되는 즉시 죽느냐 사느냐의 결판이 나는 현실에서 학문적 논리나 토론의 유희를 즐길 시간이 어디 있겠는가. 문제해결 능력은 지식·전문성을 현실과 접목하는 별도의 실천 역량이다.

필자는 스스로 공부를 좀 했다고 생각한 나머지 한물간 지식에 집착하면서 문제를 해결하려고 했다. 수많은 실패와 좌절을 겪고 나서야 비로소 깨달음을 얻고 알고 있는 모든 지식을 모두 버렸다. 그제야 상황이 파악되면서 문제의 근원을 장악할 수 있었다. 놀라운 사실은 일단 버린 지식을 다시는 찾을 일이 없었다는 것이다. 쓸모없는 지식으로 머릿속을 가득 채운 채 혼란스러운 삶을 영위했던 것이다.

경영자는 머릿속에 지식을 주입하는 공부를 해서는 안 된다. 낡은 지식을 털어내는 노력을 게을리하지 말아야 한다. 상황인식을 기반으로 문제의 본질을 규명하여 해결이 가능한 형태로 재구성할 수 있어야 한다. 필요한 지식을 조속히 확보하여 문제를 해결해야 한다. 일단 활용한 노하우(know-how)는 미련 없이 버려야 한다. 같은 상황은 두 번 다시 오지 않는다. 흐르는 강에서 같은 물에 두 번 다시 들어갈 수 있겠는가. 경영자의 핵심역량은 필요한 지식을 끌어모아 문제를 신속히 해결하고 유효기간이 지난 지식은 폐기 처분하는 능력이다.

자랑스럽게 내세우는 풍부한 경험(experience)은 어떤가. 세상 모든 경험을 다 하며 사는 사람이 있는가. 다른 사람이 나름대로 잘하는 일을 나는 경험해 본 적이 없다. 지극히 제한적인 영역에서 장구한 시간의 한순간을 살다 갈 수밖에 없는 우리는 자신의 성장 과정과 교육 배경 그리고 업무적 연관성을 바탕으로 자신과 자신의 상황에 국한된 특수해를 추구할 뿐이다. 모든 상황에서 효력을 발휘하는 보편적 일반해를 얻을 수는 없다.

얼마나 많은 사람이 자신의 다양한 경험을 자랑스럽게 내세우며 "이러한 문제에 대해서는 내가 누구보다도 더 많은 경험을 하지 않았는가. 내 말대로 하게, 그러면 틀림없어"라고 말하는가. 과연 문제가 해결됐는가. 그렇지 않은 결과를 너무나도 많이 보아 왔다. 일을 그르치고 나서 "지시가 잘못되지 않았습니까?"라고 반문하면 어떠한 현실에 직면하는가. "내가 언제 그런 지시를 했어? 이 사람 문제만 생기면 나를 걸고넘어지네."라고 실색하며 역정을 내지는 않는가. 억울한 마음에 수첩에 빼곡히 적어놓은 내용을 들이대며 "분명히 이렇게 말씀하셨습니다."라고 항변하면 어떠한 상황이 전개되는가. 혹시 "내가 정말 이렇게 말했나? 아니, 그래도 그렇지, 이 사람아, 내가 그렇게 말한다고 무조건 그대로 하는 사람이 어디 있어. 자네는 아무 생각도 없는 거야?"라는 핀잔을 듣지는 않는가. 열심히 일하며 지시를 충실히 이행한 당신이 오히려 잘못을 회피하고 책임을 떠넘기는 졸렬한 사람으로 치부된 적은 없는가.

변화의 속도가 지극히 느리거나 상황이 정지되어 있어서 변화 자체가 없다면 당연히 많은 경험의 소유자가 강력한 경쟁력을 갖는다. 변화 막심한 상황에서는 경험이 결코 자랑거리가 될 수 없다. 과거에 난해한 문제를 창의적으로 극복했다는 경험이 당면문제의 창조적 해결을 저해하지 않는가. 이러한 현실을 간과하고 "나 때는 말이야!(Latte is a horse!)"를 운운하며 과거 경험을 앞세워 상황을 주도하면 바로 '꼰대' 소리를 듣게 된다.

경험적으로 도출된 대안은 더 철저한 검증이 요구된다. 익숙한 여건에서 유사한 문제를 반복적으로 처리하다 보면 어느새 새로운 문제도 기존 사고체계의 범주에 포함시켜 생각하는 습성에 사로잡힌다. 문제와 너무 가까워서 문제를 문제로 인식하지 못하게 된다. 사탕을 입에 물고 있으면 얼마나 오랫동안 단맛을 느낄 수 있는가. 한참 지나 더 이상 단맛을 느끼지 못하게 된 이후에 또 다른 사탕의 참신한 맛을 느낄 수 있는가. 친숙한 여건에서 기존방식에 따라 반복적으로 일을 처리하며 우리는 정말 잘하고 있다고 서로 인정하고 함께 칭찬하며 지내다가는 한순간에 몰락의 길을 간다. 지식과 경험의 효용에 대해 끊임없이 의심하고 사고해야 한다. 당연한 것도 당연하게 보지 말아야 한다. 항상 뜬 눈으로 세상을 있는 그대로 보아야 한다.

53. 건설사업의 집단역학과 갈등관리   20200902
〈갈등이 없으면 건설사업의 묘미가 없다〉

> 서로 다른 입장을 갖는 각 집단이 자기 앞의 세상을 달리 인식하면서 생기는 갈등이 부자연스러운 현상인가. 당연한 것이다. 갈등은 긍정적이든 부정적이건 반드시 존재한다. 갈등의 부정적 측면을 최소화하면서 긍정적 효과는 극대화해야 한다.

건설사업은 집단역학(group dynamics)의 과정이다. 집단역학은 사업에 참여하는 이해관계 집단이 보유한 힘의 가중치로 형성되는 업무적·인간적 관점의 동력학적 균형 관계를 적시하는 말이다. 힘은 양성적 능력뿐만 아니라 음성적·비합리적 세력도 포함한다.

사업추진 과정에서 강한 세력의 보유 주체는 약한 조직(집단)에 침투하여 업무 영역을 확장하며 영향력을 키워 나간다. 미력한 조직(집단)도 어느 시점에 이르러 실력자를 리더(leader)로 영입하거나 충분한 재원을 확보하면 다시 힘을 얻으면 잃었던 업역을 탈환하여 원상을 회복한다. 여분의 힘을 사용하여 상대방 진영을 파고 들어가 세력 기반을 확충하기도 한다.

관건은 조직(집단)의 영역이 물리적 경계로 획정되는 것이 아니라 힘의 균형선으로 구분된다는 것이다. 다만 힘의 역학적 균형이 물결치듯 시시각각 변하면서 눈에 보이지 않아 그 실체를 명확히 파악할 수 없다는 것이다. 왜 안 보이는가. 보지 않기 때문이다. 눈을 부릅뜨고 순간순간 동태적 균형을 이루면서 출렁이는 '힘의 균형선(power balancing line)'을 보아야 한다. 보려고 하지 않으면 안 보인다. 힘의 균형선이 고정·불변이 아니라 동태적으로 변화하기 때문에 정력학적(static) 해석이 아닌 동력학적(dynamic) 접근이 필요하다. 집단역학은 집단동력학(group dynamics)의 약식 표현이다.

집단역학이 왜 중요한가. 집단역학이 작용하는 곳에서 갈등이 발생하기 때문이다. 밀고 밀리면서 작용·반작용 법칙에 의한 적개심이 형성되는 것은 당연한 이치가 아닌가. 모든 조직(집단)은 나름의 독특한 정서와 분위기 그리고 문화를 함유하는 무형적 가치체계(value system)를 갖는다. 서로 달리 형성된 가치체계가 어느 사안을 계기로 만나면 곧바로 조화를 이루지 못하고 충돌과 마찰로 인한 불협화음을 유발한다. 이것이 '가치의 갈등(value conflicts)'이다. 건설사업은 각 참여집단이 서로의 가치를 공유하는 소통의 과정이다. 건설경영자는 갈등을 관리하여 각 참여조직(집단)의 가치체계가 조화·균형을 이루도록 해야 한다.

제한적 시간·재원으로 사업 목표를 조기에 달성하려는 발주자의 핵심 가치는 '비용절감·공기단축'이다. 이러한 발주자와 소통하려면 '비용절감·공기단축'이란 말로 대화를 시도해야 한다. 대화 과정에서도 이 말을 반복적으로 사용해야 한다. 대화를 마무리할 때도 "앞으로도 저는 비용절감과 공기단축을 실현하기 위해 최선의 노력을 경주하겠습니다.

지켜보십시오."라고 말해야 한다. 왜 그러한가? 상대방이 그토록 중시하는 가치를 반영하는 키워드(keyword)를 사용하면 언어적 의미 전달과 더불어 정서적 교감도 이루어지기 때문이다.

언어만으로는 전체 의도의 40% 정도밖에 전달할 수 없다. 나머지 60% 이상은 평소 상대방에 대해서 가지고 있던 신뢰감과 아울러 상대의 표정·눈빛·분위기·행동양식을 포함한다. 가치의 공유 없이 언어적 대화만을 시도하면 어떤 상황이 빚어지는가. 어느 순간 핵심고객은 "저 사람, 무슨 말을 하면 좀 새겨듣지 않고 늘 꿀꺽 삼키고 나서 딴 얘기만 한단 말이야, 참 답답해 죽겠어! 왜 우리 현장에는 저런 인간이 나와 있지? 저 사람 바꾸라고 해야겠어"라고 말할 것이다.

설계자는 어떤 가치를 중시할까. 설계자는 명함을 건네주고 나서 바로 "○○ 건물 아시는지요?"라고 묻는 경향이 있다. 안다고 말하면 "그거 제가 설계한 겁니다."라고 말한다. 잠시 후 "혹시 "○○ 건물도 아시는지요?"라고 언급한다. 잘 안다고 하면 "그것도 제 작품입니다."라고 강조한다. 이러한 상황에서 "제가 그런 걸 물었습니까? 묻지도 않은 얘기를 왜 하십니까? 그런 말씀 그만하시고 비용절감과 공기단축에 좀 더 관심을 가지세요."라고 말한다면, 그 설계자는 어떤 생각을 할까. 마음속으로 "이렇게 말이 안 통하는 사람과 함께 일할 걸 생각하니 앞이 깜깜하군!' 이라고 말할 것이다.

이러한 상황에서 필자는 명함을 건네받자마자 "○○ 건물 설계하신

분 맞죠?"라며 먼저 말을 건넨다. 깜짝 놀라며 "어떻게 아십니까?"라고 물으면 "관심이 있으면 다 알게 됩니다."라고 답한다. 이어서 "○○ 건물도 선생님 작품이죠?"라고 확인하고 나서는 "이 건물 정말 구조적으로 탄탄하고 기능적으로 아주 편리할 뿐만 아니라 미적으로 너무 수려합니다. 특히 이런 부분의 작품처리, 한마디로 기가 막혀서 말이 안 나올 정도인데, 어떻게 이런 아이디어를 내셨는지요?"라고 묻는다. 이렇게 말하는 필자에 대해서 설계자는 어떤 마음을 가질까. "이 사람과는 대화가 좀 통하겠는데, 참 괜찮은 사람이야."라는 생각을 하지 않을까. 같은 분위기를 유지하며 필자가 몇 가지 애로사항의 해결을 부탁하면 설계자는 여지없이 "당연히 해드려야지요."라고 흔쾌히 답한다. 잠시 후 필자는 난감한 여건에 직면한다. 설계자가 "이런 사안들도 조치가 필요하겠는데요."라고 말하며 부탁하지도 않은 사항도 찾아내 해결해 주겠다고 우기기 때문이다. 설계자는 명성(reputation)에 높은 가치를 부여하는 것 같다는 합리적 의심을 하게 된다.

설계자는 적정 수준의 이윤 추구 못지않게 작품 활동을 통해 얻는 명성도 중시하는 것 같다. 필자는 업무추진의 일환으로 국회를 자주 들르곤 했다. 엔지니어로서의 삶을 살다 보니 당시 국회의사당 건물을 유심히 살펴보던 생각이 난다. 오래전 우리나라에 그다지 상징적 건물이 없던 상황에서 지어지는 국회의사당은 당시 국가적 랜드마크(landmark)로서 각계각층의 관심을 불러일으켰다. 그러다 보니 국회의사당 건물은 하나인데 자기가 다 했다고 말하는 사람이 오백 명도 넘었다. 벽체 타일 선정에만 참여했어도 "내가 국회의사당 건물 설계할 때 말이야."라는 말로 대화를 시작하며 자신이 핵심적 역할을 했다고 주장하는 사람이 적지 않았다.

설계자는 이러한 기념비적 건물 앞에서 사랑스러운 아들·딸의 손을 잡고 "얘들아, 저 건물, 아빠가 설계한 작품이란다, 느낀 점 있으면 말해보도록 해라."라고 자랑스럽게 말할 수 있는 상황을 대단히 중시하는 것 같다.

시공자의 핵심 가치는 무엇인가. 기대이익 확보와 계속 수주 가능성 아닐까. 사사건건 불평을 늘어놓는 현장 소장에게 "소장님, 여기 자선 사업 하러 오신 거 아니죠? 이익을 내야 하지 않습니까, 이익을…, 제 말대로 하세요. 그리고 이 공사만 마무리하고 말 건가요? 또 한 건 이상 수주해야 하잖아요! 안 그래요? 제 말대로만 하세요."라고 얘기해 보라. 강력한 위력을 발휘할 것이다.

복잡한 이해관계와 무관한 사용자는 성능·안전·편의성을 중요하게 생각한다. 건물(시설) 유지관리자는 유지관리의 용이성과 에너지 절감 성능에 관심을 보인다.

'핵심 참여자(key players)'의 입장만 고려해도 이렇게 서로 다른 가치 체계의 보유자들이 어우러져 일하는 모습이 아닌가. 각기 다른 이해관계를 갖는 참여집단이 자기 앞의 세상을 나름대로 인식하는 과정에서 생기는 갈등이 부자연스러운가. 당연한 현상 아닌가.

갈등은 긍정적이든 부정적이건 반드시 존재한다. 갈등이 없으면 건설 사업이라고 말할 수조차 없다. 사업관리의 묘미도 사라질 것이다. 건설경영자는 갈등을 중요한 관리 대상으로 보고 그 부정적 측면을 최소화하면서 긍정적 효과는 극대화하는 역량을 발휘해야 한다.

54. 실력보다 매력이다
〈최고의 경쟁력은 매력이다〉

20200522

> 최고의 경쟁력은 매력이다. 전문성의 중요성은 아무리 강조되어도 지나침이 없지만 사업의 궁극적 성공은 고객이 전문성을 신뢰하고 아울러 전문지식의 제공 주체인 전문가에게 인간적 매력을 느껴서 좋아 어쩔 줄 몰라 할 때 확실히 달성되는 것이기 때문이다.

전문성의 깊이 못지않게 전문지식의 횡적 소통이 무척이나 중요한 현실에서 전문가 경쟁력의 요체(要諦)는 매력이다. 실력보다 매력이 우선이다. 전문지식의 중요성은 아무리 강조되어도 지나침이 없지만 사업의 궁극적 성공은 고객이 전문성을 신뢰하고 아울러 전문지식의 제공 주체인 전문가에게 인간적 매력을 느껴서 좋아 어쩔 줄 몰라 할 때 확실히 달성되기 때문이다.

매력은 이해관계가 첨예한 대립적 분위기에서 소통 능력을 발휘할 수 있을 때 그 빛을 발휘한다. 원활한 소통은 언어적 의미만 내포하는 것이 아니다. 언어 이면에서 작용하는 심리적 정서의 공유도 포함한다. 심리적 공감을 얻기 위해서는 마음의 미세한 움직임을 감지할 수 있는 감수성(sensitivity)이 요구된다. 감수성은 상대방의 불편과 아픔을 감지하고 느낌과 정서를 함께할 수 있는 지적 능력이다. 상대방 입장에서 상황을 이해하려는 마음을 가질 때 내면적으로 형성되는 심리적 정서다. 결국 매력은 감수성에 기반한 소통 능력에서 비롯된다. 특정 분야에 정통한 전문가가 매력을 확보하기 위해 유념해야 하는 5가지 사항을 피력한다.

첫째, 자기 전문성의 범주를 넘어서 시시각각 발생하는 복잡한 문제에 임기응변적으로 대응하는 태도를 경계해야 한다. 문제의 인과관계를 규명하여 상황을 분석하고 미래의 긍정적 결과는 물론 부정적 파급효과도 판단하기 위해 빠른 시간에 다양한 관점을 수렴해야 한다. 전문성에 국한된 접근으로 문제해결을 서둘러 마무리하면 그 상황 이면에 잠재되어 식별되지 못한 요인이 훨씬 더 심각한 또 다른 문제를 동반하고 전혀 예측하지 못한 시기에 표출된다. 늦게나마 심각성을 인식하고 성급하게 대처하지만 너무 늦어서 손을 쓸 수 없다는 사실을 절감하게 된다.

둘째, 자신의 전문 분야 이외의 다양한 지식도 유연하게 받아들여야 한다. 자신이 알고 있는 사항을 다른 사람에게 가르쳐 주는 여유도 가져야 한다. 전문지식으로 무장된 전문가는 스스로 체득한 지식을 다른 사람에게 제공하면 자기 영향력이 줄어든다고 생각하여 상응하는 반사이익이 기대되지 않으면 절대로 지식의 보따리를 풀지 않는 경향을 보인다. 여기에 다른 사람의 조언이나 충고를 용납하지 않는 완고한 습성이 부가되면 극단적 배타성을 표출한다. 배타성은 국내 굴지 기업에 근무하는 전문가 출신의 중역에게서 빈번히 나타난다고 한다. 관리직 출신은 알고 있는 내용을 다른 사람에게 말해주고 비판적 관점을 수용하여 부족한 부분을 보완해 나가는 자세가 보편화되어 있지만 전문성을 배경으로 성장한 중역에게는 이러한 지식의 상호작용이 예외적이라고 한다.

셋째, 사회 전반의 변화가 급속도로 진행되는 상황에서 자신이 보유하고 있는 지식 대부분은 이미 쓸모없게 되어 버렸다는 사실에 유념해야 한다. 빠른 속도로 녹슬어 가고 있는 현실도 직시해야 한다. 물론 과거에 일정 기간 각고의 노력을 통해 터득한 지식기반에 치열한 경험을 더하여 축적한 노하우(know-how)는 더할 나위 없이 귀중한 자산이다. 그러나 급변하는 현실에서는 어제의 성공 비결이 오늘의 실패 대안일 수도 있다. 실전적 현실을 등한시하고 과거 경험에만 의존하면 돌이킬 수 없는 과오를 불러들인다.

넷째, 공개적으로 자기 생각의 정당성을 당당하게 입증하기 위해 요구되는 자신감을 배양해 두어야 한다. 다양한 계층의 수많은 이해관계자가 한자리에 모여서 논쟁하는 상황에는 첨예한 대립에서 비롯되는 긴장감이 감돈다. 절대로 위축되지 말고 자신의 요구사항을 논리적으로 피력하면서 인간적 공감도 확보해야 한다. 능력과 세력 면에서 막강해 보이는 사람에게 압도되어 입을 다물면 결국 결정이 이루어진 이후에 조직(집단)의 응달 귀퉁이에서 불평·불만을 표출하는 초라한 모습으로 전락할 수 있다. 불합리한 상황에 억울하기도 하고 분하기도 하여 자리를 박차고 일어나 뛰쳐나가고도 싶겠지만, 이유 여하를 막론하고 상황을 회피하면 어느 순간 자신의 초라한 모습에 소스라치게 놀라는 서글픈 현실에 직면한다. 사람이 모여서 함께 일하는 상황에는 정도의 차이만 있을 뿐, 불합리한 양상이 늘 전개된다는 사실을 절감하고 또 한 번 좌절하게 된다.

다섯째, 소극적 사고에서 비롯되는 부정적 언어 사용을 지양해야 한다. 구체적·전문적 사안에 대하여 아는 것이 많다 보니 전문가의 머릿속에서는 안 되는 사유부터 먼저 떠오르는 경향이 없지 않다. 답변 유형은 대개 "예, 그러나 비용이 너무 많이 소요됩니다."와 같은 'Yes, but형'이 대부분이다. 이렇게 소극적인 말투를 "예, 그리고 비용을 절감시키면 적용 범위를 더 확대할 수 있습니다."와 같이 적극적 소통의 의지를 반영하는 'Yes, and형'으로 바꿀 수는 없을까.

매력은 어설픈 전문가를 진정한 전문가로 탈바꿈시키는 최고의 덕목이다.

55. 보수성(conservatism)의 현실　　　　20200205
〈내부관성과 매몰비용에 집착하는 인간적 행태〉

> 보수성이 난무하는 현실에서 새로운 시도로 표출되는 저항의 성격과 정도를 파악해야 한다. 혜택을 얻고 피해를 보는 조직(집단)의 이해관계를 고려하여 주고받음의 균형을 고려해야 한다. 남는 저항은 명분과 논리 그리고 세력으로 밀어붙이고 뒷감당을 해야 한다.

건설업계의 인사들과 대화를 나눠보니 4차 산업혁명이 파급되는 현실에서 건설 분야는 다른 영역에 비해 변화에 훨씬 둔감하다고 한다. 혁신 지향적 경영자가 극복해야 할 중차대한 문제는 보수적 태도라고 한다.

단지 기존방식과 다르다는 이유만으로 강력한 반대에 부딪히는 상황을 자주 경험한다고 한다. 건설산업과 건설인이 표출하는 보수적 행태를 합리적 사고와 논리적 접근의 독려를 통해 극복할 수 있을까. 문제는 그렇게 간단하지 않다. 적극적인 사람이 '괘씸죄'에 걸려 어려움을 겪기도 한다. 아첨이 난무하는 분위기에서 하루하루 버티는 것조차 힘들어하는 사람도 적지 않은 것이 현실이다.

새로운 대안을 도입·확산시키기 위해서는 자기 생각을 가장 잘 이해할 수 있는 사람부터 설득해야 한다. 합리적 비판을 긍정적으로 수용하여 대안을 보완해서 더 세련된 내용으로 발전시키면서 설득의 대상과 범위를 넓혀 나가야 한다. 적어도 70% 이상의 구성원이 "바람직한 대안이다. 한번 해볼 만한 가치가 있다."라고 말할 때 공개적으로 의견을 표명해야 한다. 왜 70% 이상이어야 하는가. 50% 정도의 지원만으로도 충분하지 않을까. 그렇지 않다. 20% 정도는 상황이 본인에게 불리하면 즉시 태도를 바꿔서 지지 입장을 철회할 가능성이 높다.

합리성과 정당성을 갖추고 조직과 구성원 모두에게 바람직한 대안의 도입이 왜 그렇게 어려운가. 조직의 내부관성(internal inertia) 때문이다. 방향과 속도를 일정하게 유지하려는 운동 현상을 설명하는 '물리학 제1법칙(관성의 법칙)'이 조직(집단)에도 존재한다. 기존 정책·방침에 반하는 대안은 쉽게 받아들여지지 않는다. 위기 상황의 도래와 같은 급박한 사유 없이는 당초 설정된 추진 방향을 전환하기 어렵다.

변화가 절실한 상황에서 혁신에 반기를 드는 사람의 심리상태는 무엇인가. 첫째, "현재에 이르기 위해 그동안 쏟아부은 노력과 시간 그리고 돈이 얼마인데, 그런 식으로 하면 내 입지가 불안정해지지 않는가?"이다. 둘째는 "현재 상황이 불합리하기는 해도 나는 오랫동안 적응해왔고, 또 익숙해져서 지낼 만하니 껄끄러운 분위기를 조성해서 위화감을 조성하지 말라"는 것이다. 이미 투입해서 회수할 수 없는 '매몰비용'에 집착하는(sunk cost doctrine)' 태도다.

혁신적 대안을 거부하는 경향은 건설사업 발주자의 태도에서도 나타난다. 신기술·신공법 사용을 건의하는 사업관리자에게 발주자는 어떻게 반응하는가. 다른 곳에서도 그러한 대안이 적용되고 있는지를 묻는다. 아직 사용된 사례는 없지만 본 사업에 적용하면 확실한 성과를 기대할 수 있다고 말하면 발주자는 "왜, 우리 사업을 시범 대상으로 선정했느냐?"고 이의를 제기한다. 다른 곳에서 적용한 결과를 보고 효과가 입증되면 그때 사용하자고 요구한다.

답답한 마음에 설계 반영을 하도록 시도해 보지만 설계자 반응도 긍정적이지 않다. 설계는 하지만 시공 과정을 통제할 수 있는 설계자로서 시공 과정의 오류에서 비롯되는 리스크가 적지 않은 부담으로 여겨지기 때문이다. 설계자가 혁신 지향적이어서 정밀한 시공이 요구되는 신공법을 상세한 시방서를 첨부하여 설계에 반영했다고 하자. 공사시행 단계에서 문제가 발생하여 중대재해처벌법에서 규정하는 심각한 사고가 발생하면 어떠한 사태가 전개되는가. 일차적 책임자인 시공자가 문제에 대한 추궁을 받는다. 도면과 시방서에 따라 충실하게 시공했다고 주장할 것이다. 이어서 소환되는 설계자도 역시 도면·시방서를 제대로만 준수했다면 절대 그런 사고는 발생하지 않았을 것이라고 주장할 것이다. 이 경우 누가 참고인으로 불려가는가. 의사·약사·회계사 직종의 사람이 소환되는가. 그렇지 않다. 같은 분야에서 활동하는 기술자가 참고인 자격으로 진술한다.

통상적으로 사용되는 기술·공법인지 여부를 묻는 질문에 참고인이 설계에

최초로 반영된 것이라고 답변하면 설계자가 모든 과실을 덮어쓸 수 있다. 자신의 정당성을 입증할 수도 있겠지만 힘겨운 과정을 거치지 않으면 안 된다. 늘상 사용되는 일반적 방식이라는 진술이 이루어진다면 귀책사유는 시공자에게 부과된다. 이러한 현실에서 공사비 절감과 품질향상 그리고 공기단축을 실현할 수 있는 새로운 대안이 과연 매력적일 수 있겠는가.

설계자는 해당 분야 전문가의 합의와 검증이 이루어진 공법을 적용하려고 한다. 신개념의 기술과 공법에 부가되는 리스크를 감수하려고 하지 않는다. 시공자 입장 역시 기존방식으로 이윤을 확보할 수 있고 경쟁력도 유지할 수 있는 현실에서 구태여 새로운 대안의 잠재적 리스크에 자신을 노출하고 싶겠는가.

그뿐이 아니다. 새로운 방식을 도입하면서 배제되는 기존 기술·공법의 이해관계자 증오가 가중되면서 각종 투서와 민원에 시달리는 상황이 빚어지기도 한다. 조직(집단)의 내부관성으로 인해 기존 방향에 부합하는 이해관계의 틀이 형성되면서 매몰비용(sunk cost)에 집착하는 이권 카르텔(cartel)이 혁신을 저해하기도 한다.

문제는 이러한 현실에서도 혁신을 지속하여 성과를 내지 않으면 건설사업의 경쟁력을 유지·강화할 수 없다는 것이다. 건설경영자는 불평·불만을 해서도 안 되고 실패를 정당화하려는 태도를 보여서도 안 된다. 어려울수록 더 잘해야 한다. 실패한 과학이 국가 발전에 이바지할 수는 있어도 잘못 관리된 건설사업은 기존환경을 악화시키는 과오만 범할 뿐, 기여하는 것은 아무것도 없다.

　보수성이 난무하는 현실에서 혁신을 추구하려면 상황인식을 기반으로 향후 발생할 수 있는 저항의 관리 시나리오부터 작성해야 한다. 새로운 시도로 표출되는 리스크를 저감시키고 예상되는 저항의 내용과 정도를 파악해야 한다. 혜택을 얻는 당사자와 피해자의 이해관계를 저울질하여 갈등·분쟁을 최소화해야 한다. 여분의 저항은 명분과 논리 그리고 추진력으로 밀어붙이면서 그 뒷감당을 해야 한다.

56. 경영, 한마디로 말하면?
〈경영자, 입장 바꿔 생각해야…〉

20200109

> "입장 바꿔 생각하는 것"은 서로 다른 이해관계자를 동시에 만족시키기 위한 노력을 강조하는 표현이다. 유능한 경영자가 되려면 입장을 이리저리 잘 바꿔야 한다. 이러한 방식으로 지속적 신뢰관계를 유지하며 당신도 좋고 나는 더 좋은 결과를 도출해야 한다.

공자(孔子)는 시경(詩經)의 시(詩) 300편을 수차례 읽고 나서 "그 생각에 사특함이 없다."는 한마디로 요약했다. 얼마나 고심한 끝에 이러한 결론에 이르렀을까. 경영자는 전체를 한마디로 요약하는 능력을 갖춰야 한다. 요점에 개념을 부가하여 상황에 맞게 확장·변형시킬 수 있어야 한다. 복잡함과 단순함 사이를 자유자재로 왕래할 수 있는 유연한 사고방식을 갖춰야 한다. 자질구레한 내용을 한두 개의 키워드로 정리하고 대충하는 설명 이면의 복잡·다양한 문제를 입체적으로 드러낼 수 있어야 한다. 소위 '이빨'이 강해야 한다. 개념에서 앞서지 못하면 상황의 리더(leader)가 될 수 없기 때문이다.

경영의 본질을 한마디로 말하면 무엇인가. 수백 권의 책을 탐독하고 나서야 비로소 깨달은 그 한마디는 "입장 바꿔 생각하는 것"이다. 상대방 입장에서 상황을 인식하고 서로의 가치를 공유하겠다는 생각으로 일을 추진하면 대부분 문제는 해결되기 때문이다.

대학에서 강의하면서 수백 권의 책을 힘겹게 읽고 "입장 바꿔 생각해 봐."라는 한 마디만을 가슴 깊이 새겼다고 말한 적이 있었다. 박사과정의 한 학생이 "그 정도 얘기는 저도 아는 것인데…, 그 한마디를 깨닫기 위해 그렇게 고생하셨습니까?, 제가 교수님 옆에 있었으면 고생 기간을 대폭 줄여 드릴 수 있었을 텐데요."라고 웃으며 말하는 것이 아닌가. 그 순간 필자는 강의의 품질을 의심받고 최소한의 권위마저 실추되는 느낌을 받았다. 필자가 학생에게 농담 반 진담 반으로 던진 말은 "상식적·개념적으로 알고 있는 것과 절실하게 깨달아 자신의 DNA에 그 의미를 철저히 각인시켜서 사고와 행동방식의 전략화를 도모한 결과의 차이는 엄청나다. 깊은 뜻을 알지 못하고 그렇게 피상적 언급을 되풀이하면 그대의 학점에 결코 긍정적일 수 없다."는 것이었다. 학점을 빌미로 하는 위협적 발언에 놀란 학생은 일단 입을 다물었다. 그러나 조금 지나서 다시 "그래도 너무 간단하잖아요, 모두가 아는 내용이고요…."라고 말했다. 이어 주변 학생들이 동조하면서 상황은 통제 불능이 되고 말았다.

그 이후 필자는 강의를 너무 쉽게 하면 안 된다고 생각했다. 어렵게 표현해서 절반 정도는 무슨 뜻인지 이해할 수 있도록 강의하면 "저분은 유식한 사람이구나. 어려운 내용을 이해하지 못하는 내가 좀 더 열심히 공부해야겠구나."라고 생각하며 교수 권위를 인정한다는 사실도 알게 되었다. 결국 필자는 "입장 바꿔 생각하다."라는 말을 다음과 같이 어렵게 우회적으로 표현했다.

의사결정의 과정과 결과에 대해서 그 의사결정에 참여한 사람이 서로 이해와 만족감을 공유할 수 있다면 잘 된 것이고, 이것이야말로 경영의 핵심입니다.

상기 표현은 "입장 바꿔 생각해 봐."라는 말과 같은 뜻이다. 이해와 만족감을 공유하는 것은 서로의 가치체계를 교환하는 것으로 입장 바꿔 생각하는 태도다. 다소 어렵고 애매한 표현을 사용하면서 학생들의 반응도 달라졌다. 어떻게 달라졌는가. 공부를 많이 하신 분의 말은 확실히 다르다는 것이었다. 받아 적겠으니 다시 한번 언급해 달라는 것이었다. 다시 말해주고 나서 연신 고개를 끄덕이는 모습에 무슨 뜻인지 알겠냐고 물으면 잘은 모르지만 훌륭한 내용인 것은 확실하다는 것이었다.

권위를 세우기 위해 어려운 표현으로 듣는 사람을 어리둥절하게 하는 것도 괜찮은 방법이라는 생각이 들었다. 그러나 어느 날 가수 김건모가 부르는 '핑계'라는 노래의 "내게 그런 핑계 대지마, 입장 바꿔 생각을 해 봐."라는 가사를 듣는 순간 커다란 충격으로 필자의 머릿속은 하얗게 변해버렸다. 가수 김건모도 경영의 핵심 원리를 노랫말에 실어 전파하고 있는 현실에서 학문을 탐구한다는 필자가 단순한 표현을 교묘하게 포장하여 어렵게 전하고 있었으니 참으로 큰 잘못이 아닐 수 없다고 생각했다. 깊은 반성도 겸했다.

"입장 바꿔 생각한다."는 말의 의미를 피상적으로 알고 있는 상태와 처절하게 느껴서 세포 하나하나에 그 뜻을 각인시킨 결과의 차이는 엄청나다. 입장 바꿔 생각하겠다고 매번 다짐하지만 급박한 상황의 긴장된 분위기에 직면하면 까맣게 잊고 마는 오류를 얼마나 많이 범하였는지 깊이 생각해 봐야 한다.

"입장 바꿔 생각하는 것"은 서로 다른 이해관계자를 동시에 만족시키기 위한 노력을 강조하는 말이다. 경영자는 입장을 이리저리 잘 바꿔야 한다. 입장 바꿔 생각해서 고객에게 보다 많은 혜택을 제공해야 한다. 고객이 "나는 당신과 함께 대화하며 일하다 보면 모든 문제가 그냥 술술 풀린다는 생각이 드는데…, 어떻게 당신은 나에 대해서 나보다 더 잘 아는가?"라고 말했다면 당신은 가히 최고의 경영자라고 자부할 수 있다. 함께 일하는 협력자와도 업무수행 과정·결과에 대한 만족감을 공유하며 공존·공영해야 한다. 가장 바람직한 태도는 지속적 신뢰 관계를 유지하며 "너도 좋고 나는 더 좋고"의 결과를 도출하는 것이다.

57. 운(運)을 불러들이는 경영자
〈운, 경영자가 귀의해야 할 마지막 패러다임〉

20191219

> 최선을 다해도 실패할 수 있는 현실에서 좌절하지 않고 운을 불러들여 궁극적으로 성공의 길을 갈 수 있는 비결은 무엇인가. 단기효과만 제공할 뿐 장기적으로는 무력한 운의 내면 구조를 이해하는 것이다. 최선의 노력을 다하는 한 결코 버림받지 않는다고 믿는 것이다.

합리적으로 최선을 다해 노력해도 운이 나쁘면 실패한다. 열심히 노력하는 사람을 패배로 이끌기도 하는 운의 생성 근거와 특징은 무엇인가. 첫째, 운은 시간과 변화에서 비롯된다. 시간의 경과에 따라 상황이 변하면서 기존문제는 사라지고 없던 일이 생긴다. 이해관계의 틀이 달라지면 갑(甲)의 손(損)이 을(乙)의 득(得)이 되어 운의 좋고 나쁨에 대한 문제가 생긴다.

둘째, 운은 그 인과관계가 명확하지 않다. 10명이 모여 있는 곳에서 필자가 떨어뜨린 10만 원을 주운 사람에게 운이 좋다고 말할 수 없다. 잃어버린 원인행위와 주운 결과 사이의 인과관계가 분명하기 때문이다. 합리성의 원칙이 주도한다. 그러나 천만 명이 거주하는 서울 어느 곳에서 잃어버린 100만 원을 누군가 주웠다면 어찌 되는가. 인과관계는 반드시 존재하지만 상황이 복잡하여 밝혀내기 어렵다. 도의적 문제를 배제하면 운이 따랐다고 말할 수 있다. 셋째, 운은 사람의 의도와 무관하다. 노력한 대로 이루어지면 합리성이 지배하는 것이다. 넷째, 운은 한번 발현하면 지속적인 영향력을 발휘한다. 고액의 복권에 당첨되면 팔자가 바뀌지 않는가.

이러한 특징은 운의 피상적 현상이지 본질은 아니다. 운의 속성은 단기적으로는 유력하지만 장기적으로 무력하다는 것이다. 두 개의 항아리 A와 B에 각각 흰 구슬과 검은 구슬을 넣고 진행하는 확률 게임을 생각해 보자.

A 항아리에는 흰 구슬 3개와 검은 구슬 2개를 넣고, B 항아리에는 흰 구슬 2개와 검은 구슬 3개를 투입했다. 두 항아리 중 하나에서 구슬을 꺼내어 흰 구슬이면 100만 원을 받고 검은 구슬이면 오히려 100만 원을 주는 게임을 해보자.

A 항아리의 경우 5개 구슬 중에서 3개가 흰 구슬이므로 흰 구슬을 뽑아 이익을 얻을 수 있는 확률은 0.6이다. B 항아리에는 5개 구슬 중에서 흰 구슬이 2개이기 때문에 흰 구슬을 얻어 득을 볼 수 있는 확률은 0.4가 된다. 합리적 관점에서 당연히 A 항아리를 선택해야 한다. 그래도 검은 구슬을 집어서 손해 볼 확률(0.4)이 여전히 존재한다. 확률적으로 불리한 B항아리를 선택해도 흰 구슬을 뽑아 이익을 얻을 가능성(0.4)이 상존한다. 결론은 무엇인가. 결과를 100% 확신할 수 없는 여건에서 높은

확률을 선택하는 것이 최선이지만 운이 나쁘면 원하는 결과를 얻을 수 없다는 것이다.

게임의 법칙을 바꾸어 보자. 하나의 항아리를 선정해서 구슬을 10만 번 뽑아 얻어지는 누적 확률로 승부를 결정하면 어떨까. 흰 구슬을 뽑을 확률이 높은 A 항아리를 선택하는 순간 승리가 보장된다. 장기적 사안에 대해서는 운이 힘을 발휘하지 못하기 때문이다.

경영 현실에서 합리적 노력과 운의 존재를 모두 고려하는 여유가 필요하다. 세 경영자(A,B,C)의 역할을 운의 관점에서 조명해 보자. 경영은 고도의 불확실성 속에서 시간과 돈을 상대로 벌이는 치열한 전투라는 생각으로 세 경영자를 전쟁에 임하는 장교로 가정한다. A는 정보장교다. 지속적인 정보수집의 노력 끝에 적이 경계를 풀고 휴식을 취하는 장소를 파악하여 즉시 B에게 전달했다. B는 보병장교다. 즉각 병력을 출동시켜 공격했다. 치열한 접전을 벌였지만 상당한 타격만 입혔을 뿐, 적을 섬멸하지는 못했다. 운이 따르지 않았다고 볼 수밖에 없었다. C는 경계근무를 지휘하는 장교다. 특이상황이 없다고 판단하여 대다수 병력과 인근 지역에서 회식을 마치고 돌아오는 길에 B에게 심대한 타격을 입은 적과 마주쳤다. C는 "오늘 잘 먹었으니 몸 좀 풀자."라는 기분으로 적을 처결해서 완벽한 승리를 거두었다.

승리에 대한 기여도에 따라 논공행상(論功行賞)을 한다면 누가 1등인가. 대개 C가 1등이라고 말한다. 어려운 여건에서 가시적인 성과를 냈기 때문이다. 다른 관점은 없을까. 문제는 누가 1등이 되는가에 따라 조직(집단)의 문화와 평가기준이 달라지고 일하는 방식도 바뀐다는 것이다.

A는 정보수집의 노력을 지속한 결과 적의 동태를 파악했다. 노력도 했고 운도 따랐다. B는 최선을 다했지만 운이 받쳐주지 않아서 적을 섬멸하지 못했다. C는 노력 없이 운을 잡아 무력해진 적을 섬멸했다. 노력도 하고 운도 거머쥔 A가 1등 아니겠는가. 누가 2등인가. 생존이 유일한 목적이라면 C가 1등이다. 그러나 생존과 더불어 지속적 발전을 도모해야 하는 현실에서 C는 2등도 할 수 없다. B가 2등이다. C와 같이 운만으로 상황에 대처하려는 사람으로 가득 찬 조직(집단)은 머지않아 파멸에 이를 것이다. 반면, B처럼 합리적 노력을 지속하면 언젠가는 운을 만나 1등을 할 것이다. 노력을 통해 운을 획득하려는 바람직한 조직문화가 정착될 것이다.

최선을 다해도 실패할 수 있는 현실에서 좌절하지 않고 운을 불러들여 궁극적 성공의 길을 가는 비결은 무엇인가. 단기효과만 있을 뿐, 장기적으로는 무력한 운의 내면구조를 이해하는 것이다. 최선의 노력을 다하는 한 결코 버림받지 않는다고 믿는 것이다. 합리적 노력을 지속하면 남의 일처럼 여겨지던 운의 도래가 나의 현실이 된다고 믿는 것이다. 급박한 현실에서 경영자가 귀의해야 할 패러다임은 운에 대한 굳건한 믿음이다.

58. 아첨(ingratiation)의 매력
〈아첨도 매력일 수 있다〉

20191010

> 위기에 처하면 누구나 스스로를 지키기 위해 본능적으로 아첨을 한다. 자기도 하는 것을 다른 사람이 좀 한다고 책상치고 분개하며 통탄해 할 필요가 있는가. 입장 바꿔 생각해서 나도 그럴 가능성이 있다면 포용하고 이해하자. 이렇게 하면 아첨도 매력이 된다.

통상 부정적 의미로 여겨지는 '아첨(ingratiation)'은 자신의 입지를 강화하기 위해 영향력 있는 사람의 환심을 얻으려고 노력하는 일련의 행위를 뜻한다. 아첨(阿諂)에도 급수가 있다. 바구니에서 가장 맛있게 생긴 사과를 골라 깨끗한 손수건으로 광이 나도록 닦아 생글생글 웃는 태도를 보이며 "이 사과 한 번 드셔보세요, 정말 맛있습니다."라는 말로 권하는 사람을 'apple - polisher' 또는 'apple - shiner'로 표현한다. 초보적 아첨꾼이다.

고수의 경지에 이른 아첨꾼의 특징은 무엇인가. 놀라운 집중력을 발휘한다는 것이다. 상대의 표정·눈빛과 미세한 행동 어느 하나도 놓치지 않는다. 상대가 한마디 하면 "살면서 이렇게 훌륭한 말씀을 듣는 것은 처음이다."라는 표정을 보이며 감동 어린 태도로 주변 사람의 공감을 유도한다. 상대가 벌떡 일어나 자리를 옮기기라도 하면 뒤따르며 자신의 혀로 구두 뒤축이라도 핥을 것 같은 태도를 보인다. 그래서 구두를 핥는다는 의미의 'boot - licker'라고 언급한다. 골수적 아첨꾼이다.

적지 않은 사람들이 아첨하는 사람을 지칭하며 왜 저렇게 사는지 이해할 수 없다고 비판·분개한다. 이렇게 강직한 사고와 눈앞의 현실을 완벽히 일치시키려는 생각은 비합리적일 수도 있다. 현실을 이분법적으로 옳고 그름을 따지기보다는 특정 상황의 단점을 최소화하는 한편, 그 장점을 극대화하는 유연한 사고방식이 요구되는 현실에 있다.

필자가 주위 사람에게 "당신은 전혀 아첨을 안 하는가?"라고 물어보면 대개 "나는 절대 그런 행동 안 한다."고 답한다. 정도의 차이만 있을 뿐이지 당신도 한다고 말하면 "나는 체질적으로 아첨을 하지 못하는 사람이다."라고 목소리를 높이면서 "왜들 그렇게 사는지 모르겠다."며 주변의 알 만한 사람을 거론하며 비방하기 시작한다. 그러면 필자는 수 세기에 걸친 인간의 궤적을 추적해 본 결과 얻어진 검증된 결론을 제시하니 이의를 제기하지 말라고 강조하며 "사람은 누구를 막론하고 위기에 처하면 본능적으로 자신을 지키기 위해 자기도 모르게 하도록 되어 있는 것이 아첨이다. 겉으로 하지 않으면 마음속으로라도 하게 되어 있다. 당신도 분명히 한다."고 단언한다.

전문성을 바탕으로 사업주를 대신하여 건설사업을 관리하는 사업관리자와 대화해 보니 이들이 토로하는 가장 큰 불만은 "사업주의 귀가 너무 얇다."는 것이었다. 누구에게 "어느 것이 좋다"는 얘기를 들으면 즉시 사업관리자를 불러서 "이런 것이 있다는데…"라고 말하며 검토를 요구한다는 것이다. 통상 음성적으로 제기되는 사안은 복잡한 이해관계가 얽혀있는 반면, 그 내용은 심사숙고할 만한 가치가 없다는 것을 알고 있는 사업관리자는 문제점을 설명하면서 수용하기 어렵다고 말한다. 사업주는 "당신이 전문가니까 당신 말이 맞겠지."라고 인정하며 요구를 철회한다. 그러나 사업진행 과정에서 이와 유사한 방식으로 또 다른 사안이 제기되면서 검토 요구 빈도는 점점 증가한다. 결국 요구 행위 자체가 사업관리자에게는 다른 업무의 정상 추진을 저해하는 두통거리가 된다. 사업관리자는 다소 언성을 높여서 "이건 말이죠, 정말로 뻔한 거라서 검토할 필요가 전혀 없습니다. 그리고 지난번에도 이와 유사한 문제를 제기하지 않았습니까? 자꾸 이렇게 하시면 업무에 적지 않은 장애를 초래하니 좀 자제해 주셨으면 좋겠습니다."라는 불평 어린 어조로 상황을 정리한다.

한두 번은 그냥 지나갈 수도 있는 문제겠지만 이러한 행태가 반복되면 사업주도 사람이다 보니 서운함과 괘씸함을 느끼면서 마음속으로 무언가 말을 하게 된다. 마음속의 말이니 들리지 않겠지만 그 속마음을 알아채지 못하면 사업관리자 입지는 한순간에 무너질 수 있다. 마음속으로 무슨 말을 할까? "당신이 사용하는 시간과 돈 그리고 권한은 모두 나로부터 나가는 것이야! 그런 나를 이렇게 홀대하다니 참 답답한 사람이야."라고 되된다. 가장 중요한 고객인 사업주와의 관계가 이렇게 악화되면 상황을 감지한 주변 이해관계자는 아주 민감한 악기처럼 반응한다. 사업주에게 수시로 접근하여 사업관리자의 부당한 행태를 포함하는 수많은 말을 전하면서 적지 않은 일이 진행된다. 나중에 심각한 문제가 발생하면 사업주는 "일이 이렇게 되도록 당신은 무엇을 했느냐? 당신의 존재 이유가 무엇이냐?"라며 사업관리자를 질책한다. 사업관리자는 억울한 상황에서 비롯된 책임과 분쟁의 소용돌이에 휘말리면서 업계에서 설 자리를 잃기도 한다. 대규모 사업의 추진 과정에서 늘 상 생기는 이러한 사태에 어떻게 대처해야 하는가.

아첨의 본질을 알고 있는 사업관리자는 사업주의 성가신 요구에도 불만을 토로하지 않는다. 번거롭고 짜증스러워도 내색하지 않고 성의껏 검토한다. 바쁘면 별도 시간을 염출해서라도 심사숙고하여 사소한 것일지라도 실행 가능한 사항은 반영한다. 불가능한 사안에 대해서는 그 이유를 알기 쉽게 설명해 준다. 불합리한 사안의 반복적 요구에 대해서도 성의 있는 노력과 설득이 지속되면 사업주도 마음속으로 무언가를 말한다. 역시 들리지 않겠지만 긍정적 내용이므로 감을 잡지 못해도 뒤탈은 없다. 무슨 말을 하는가. "매번 그렇게 불합리한 사항을 무리하게 요구했는데도 내 생각과 인격을 소중하게 생각해서 불편함을 감수하며 끝까지 나를 설득해 줬구나, 정말 진정성이 돋보이는 믿을만한 사람이야, 그래, 나는 어떠한 일이 있어도 끝까지 당신을 신뢰할 거야."라고 말한다.

사업주와 사업관리자의 신뢰 관계가 돈독해지면 주변 사람이 무슨 말을 해도 사업관리자의 입지는 흔들리지 않는다. 음성적으로 접근하는 다른 이해관계자에게 사업주는 "왜 당신이 직접 내게 대안을 제시하는가? 우리 사업관리자를 통해서 보고하도록 하게, 아니면 같이 와서 논의하든지."라고 목소리를 높일 것이다.

사업관리자는 고객의 신뢰를 통해 형성된 권한에 전문성을 부가하여 사업에 대한 선의적 영향력을 행사하는 사람이다. 이제 아첨에 대하여 냉소적 입장만을 취하지는 말자. 위기에 처하면 누구나 정도의 차이만 있을 뿐, 본능적으로 하는 것이 아첨이다. 겉으로 안 하면 속으로라도 한다. 당신도 분명히 한다는 사실을 다시 한번 상기하자. 나도 하는 것을 다른 사람이 좀 한다고 책상치고 분개하며 통탄할 필요가 있는가. 입장 바꿔 생각해서 나도 그럴 가능성이 있다면 포용하고 이해하자. 더 나아가 자신의 진정성을 얹어서 고객의 신뢰를 얻자. 고객을 감동시키자. 이렇게 하면 아첨도 매력이 된다.

59. 편견(bias)을 경계해야…
〈산은 산이고 물은 물인 것을…〉

20190705

> "자네들도 잘 알겠지만 나는 편견에 사로잡히지 않고 공평무사하게 일을 처리하는 사람 아닌가?'라고 자신 있게 말하는 사람이 있다면, 이 사람이야말로 편견의 중증환자일 가능성이 농후하다. 미친 사람은 결코 자기를 미쳤다고 말하지 않는다.

업무 현장에 편견이 난무하는 상황을 자주 본다. 편견(bias)은 "한쪽으로 치우치다"라는 뜻이다. 있는 그대로의 실체(reality)에 어긋나는 상황 인식을 말한다. 경험이 풍부한 사람은 문제 관련 보고를 받으면서 결론을 미리 마음속에 정해두는 경향을 보인다. 이미 내린 결론과 일치하는 주장을 하는 보고자에게 "자네 생각이 그런가? 이 사람, 내 생각도 마찬가지야, 자네, 알고 보니 참 생각이 깊은 사람이군!"이라고 말하며 밝은 미소로 반긴다. 대화는 여기서 마무리되지 않는다. "자네 학교는 어디 나왔지?"라고 묻는다. 출신학교가 다르면 고향을 묻고, 고향이 같지 않으면 "그 지역 출신인 ○○○를 내가 잘 아는데, 자네도 그 사람을 아는가?"라고 묻는다. "저도 그분을 잘 압니다."라고 말하면 "그래?, 그럼 언제 같이 식사라도 할까?"라고 말하며 기분 좋게 보고 사안을 마무리한다. 늘상 이렇게 유쾌한 분위기로 보고가 이루어지면 얼마나 좋겠는가?

문제는 염두에 둔 결론과 어긋나는 내용의 보고를 받는 상황에서 발생한다. "자네 생각도 전혀 일리가 없는 바는 아니지만, 내 생각은 이렇다."라며 "경험 많은 사람이 얘기하는 것이니 새겨듣고 그대로 하라."고 말하는 사람에게 보고자가 논리적 근거를 제시하며 자기 주장을 고수하면 어떻게 되는가. 타당한 논리에 수긍할 수밖에 없지만 경험과 관록의 소유자로서 손상된 체면과 권위 때문에 속상해한다. 불쾌한 마음으로 가득 찬 사람의 눈에 상대방이 바지 주머니에 손을 넣고 말하는 모습이 들어왔다면 어떠한 상황이 전개되는가. "자네 말하는 태도가 그게 뭐야? 그렇게밖에 못 배워먹었어? 요즘 젊은 사람들, 다 그런 식이야?"라고 언성을 높인다. 논의 중인 사안과 관련이 없는 과거의 다른 문제까지 거론하며 꾸중과 질타를 가한다. 결론은 무엇인가. 잔소리하지 말고 시키는 대로 하라는 것이다. 편견에 사로잡힌 사람의 전형적 태도를 극단적으로 묘사한 것이다.

 인지심리학(cognitive psychology)에서 다루는 편견의 유형은 무려 40여 가지나 된다. 편견의 본질적 의미를 한마디로 표현하면 물이 담겨있는 유리잔에 비스듬히 꽂혀 있는 젓가락이 빛의 굴절 현상으로 인해 꺾여 보이는 현상과 같은 것이다. 반듯한 젓가락이 휘어 보이는 것처럼 상황 인식 과정에서 사람은 자신의 성장 과정과 업무적 배경 그리고 경험 쪽으로 치우친다는 것이다.

 누구를 막론하고 상황을 완벽하게 객관적으로 인식할 수는 없기 때문에 편견으로부터 자유로울 수 없다. 편견에 사로잡혀 있는지 여부도

가치판단을 요구하는 주관적 사안이어서 아주 심각한 상태에 이르기 전까지는 편견의 흔적을 확인하기 어렵다. 만일 "자네들도 잘 알겠지만 나는 편견에 사로잡히지 않고 공평무사하게 일을 처리하는 사람 아닌가?"라고 자신 있게 말하는 사람이 있다면, 그 사람이야말로 편견의 중증 환자일 가능성이 농후하다. 미친 사람은 결코 자신이 미쳤다고 말하지 않는다.

눈앞의 상황을 편견 없이 인식하는 것은 결코 쉬운 일이 아니다. 그래도 현실을 있는 그대로 이해하려는 노력이 모든 일의 출발점이다. 필자는 오래전에 성철 스님이 전한 "산은 산이요 물은 물이다."라는 말에 많은 사람이 감탄하는 모습을 보고, 그 정도 얘기는 나도 할 수 있다고 생각한 적이 있었다. "당연히 산은 산이고 물은 물이지, 산이 물이고 물이 산이란 말인가?"라고 스스로 반문했었다. 뻔한 얘기지만 성철 스님이 말했기 때문에 빚어진 인물편견이라고 생각했었다. 그러나 경영의사결정에 관한 공부를 지속하면서 성철 스님은 탁월한 경영자이기도 하다는 판단을 하게 되었다. 성철 스님은 산하대지(山河大地)가 눈에 보이는 그대로인데 왜 딴생각으로 답을 만들어 놓고 산을 물이라고 하고 물을 산이라고 우기는 편향적 태도를 질타한 것이다. 편견을 배제하고 상황을 있는 그대로 인식하라는 것이다. 산은 산으로만 보고 물은 물로만 보라는 것이다. 주관적 편견을 배제하라는 지적을 이렇게 화두(話頭)로 제시했다는 사실을 깨닫고 나서 필자는 탁월한 경영자 반열에 오른 분이 종교계에서만 활약을 하셨다는 생각에 아쉬움을 금할 길이 없었다.

편견을 완전히 제거할 수 있는 방법이 있을까. 편견으로부터 완벽하게 자유로울 수 있는 길은 오직 한 가지다. 세상을 하직(下直)하는 것이다. 삶이 정지되어 인식이라는 정신적 행위가 멈추면 편견은 침투할 수 없다. 살아 숨 쉬면서 상황을 인식하고 문제를 해결하기 위해 추론하는 매 순간 편견은 우리의 동반자가 된다. 그저 우리는 편견을 최소화하기 위해 노력할 수 있을 뿐이다.

편견이 난무하는 현실에서 취할 수 있는 가장 바람직한 태도는 무엇인가. 지식에 대한 두려움을 갖는 것이다. 끊임없이 의심하고 사고하며 당연한 것도 다시 한번 확인하는 자세를 견지하는 것이다. 내 생각이 틀릴 수 있고, 말도 안 되는 것처럼 들리는 상대방 주장이 옳을 수도 있다는 생각을 가져야 한다. 알고 있는 내용을 전달할 때도 조심스럽고 겸손한 자세를 유지해야 한다. 특정사안에 대하여 확실히 알고 있는 것인지, 알고 있다고 생각하는 것인지, 아니면 모르는 것인지를 명확히 해야 한다. 다소 황당하게 들리더라도 결코 무시하거나 간과하지 말고 민감한 마음으로 귀를 기울여야 한다.

60. 괘씸죄의 미학
〈난무하는 괘씸죄의 본질〉

20190802

> 사람이 집단이나 조직을 이루어 일하는 과정에서 괘씸죄는 늘 존재한다. "왜 이러한 비정상적 현실이 존재하는가?"라고 이의를 제기하지 말고, 걸리지 않도록 사려 깊게 판단하고 신중하게 행동하면서 적극 소통해야 한다.

사회적으로 '괘씸죄' 현상이 난무한다. 괘씸죄는 신문이나 방송에서는 물론 가장 객관적 사실에 근거하여 명확하게 시비를 가려야 하는 법정에서조차도 심심찮게 거론된다. 실정법상 존재하지 않는 죄목이고 학문적으로도 실체를 규명하기 어렵다. 그럼에도 괘씸죄는 모든 업무 영역에서뿐만 아니라 삶의 현장에서 열심히 일하는 유능한 사람을 희생양으로 만들어 버리는 부정적 위력을 발휘한다.

필자는 경영의사결정을 공부하던 영국 유학 시절에 논리적으로는 좀처럼 수긍이 가지 않는 괘씸죄의 문제를 탐구하면서 적지 않은 번민을 겪었다. 적절한 영어 표현도 존재하지 않는 괘씸죄에 대해서 지도교수는 의사결정에 실질적 영향을 미치면서도 그 실체가 불명확하여 구체적으로 파악하기 난해한 개념이라고 언급하며 토론을 유도했다. 인간적 상호작용에서 표출되는 복잡·미묘한 의미를 묘사하는 것이 쉽지는 않았지만, 곱씹어 보니 필자도 업무수행 과정의 치열한 분위기에서 적지 않은 괘씸죄에 걸렸다는 생각이 들었다. 실제 사례를 들면서 차분하게 진행한 필자의 설명을 다 듣고 나서 지도교수는 정확하면서도 구체적인 설명이라고 평가해 주었다.

토론의 결론은 무엇인가. 사람이 조직(집단)을 이루어 함께 일하는 상황에서 '괘씸죄'는 이유 여하를 막론하고 반드시 존재한다는 것이다. 왜 이러한 현상이 존재하는지 분개하면서 이의를 제기하지 말라는 것이었다. 괘씸죄에 걸리지 않도록 사려 깊게 판단하고 신중하게 행동해야 한다는 것이었다.

괘씸죄는 세력 기반을 충분하게 확충하지 못한 상태에서 능력과 열정을 두드러지게 발휘하는 사람이 겪는 현상이다. 특정인에 대한 불균형적·부정적 내부 견제가 외부로 표출되어 생기는 상황이다. 그 결과는 자신에게 영향력을 미칠 수 있는 사람의 의도에 거슬리거나 눈 밖에 나서 미움을 받는 모습으로 나타난다.

여러분도 새로운 조직이나 업무에 합류해서 야심 차게 혁신적으로 일을 치고 나가면서 주변 사람으로부터 박수갈채를 받아본 적이 있지 않은가. 모두 하나같이 "이번에 새로 들어온 친구 말이야, 정말 유능해, 누적된 난제를 깔끔하게 해결해 내고 있으니 말이야, 장래가 촉망되는 친구야, 우리 조직의 큰 재목이 되겠어."라고 말하며 칭찬하지는 않던가.

뿌듯한 기대에 어긋나지 않기 위해 더욱더 노력하여 멋진 성과를 내고 싶은 것은 인지상정(人之常情) 아니겠는가.

실상은 어떠한가? 가시적 성과를 낼 수 있는 결정적 시점에서 누군가의 방해로 일을 그르치는 경우가 적지 않다. 각고의 노력을 통해 얻어낸 긍정적 결과를 다른 사람이 선취해 버리는가 하면, 열심히 일하는 과정에서 불가피하게 발생할 수 있는 작은 실수가 크게 부풀려져 심한 질타를 받고 불이익을 당하기도 한다. 여러분은 목표를 향해 질주하는 과정에서 겉으로는 칭찬하면서도 눈에 띄지 않는 방식으로 발을 슬쩍 걸어 넘어뜨리는 누군가에 의해 곤궁에 빠진 경험이 없는가. 처음에는 우연이라고 생각했겠지만, 몇 번 유사한 고충을 겪고 나서야 비로소 주위 사람이 겉으로 환호하는 모습을 보이지만 속마음은 결코 그렇지 않다는 것을 깨달았을 것이다.

문제는 조직과 구성원 모두에게 유익한 방향으로 노력하는 자신을 왜 못마땅하게 여기는지 그 이유를 모른다는 것이다. 이유는 간단하다. 일의 내용이나 추진방식이 기존의 경우와 다르기 때문이다. 공감·동의하지 않은 낯선 방법이 마음에 들지 않는다는 것이다.

새롭게 전개되는 상황에서 주변으로부터 자신의 생각과 행동 방식에 대한 공감을 얻지 못하고 무리하게 일을 추진하다 보면 어김없이 괘씸죄의 제물이 된다. 목적과 방법이 타당해도 실행에 앞서 주변 사람의 지지와 공감을 얻기 위해 시간과 노력을 들여야 한다. 자신의 생각을 이해해 줄

수 있는 가장 가까운 사람에게 설명하고 비판을 받아 수정·보완해야 한다. 또 다른 사람과 소통하면서 논리를 보다 객관화시키고 감성적 지지도 확보하기 위해 시간과 노력을 투입해야 한다. 다소간의 비용이 요구된다면 뿌리를 내려 자신의 입지를 공고화하기 위해 필요한 '착근비용(着根費用)'이므로 기꺼이 돈을 써야 한다. 신장개업을 한 상점의 주인이 이웃에게 돌리는 떡과 같은 것으로 생각해야 한다.

다시 한번 강조한다. 사람이 조직(집단)을 이루어 일하는 과정에서 괘씸죄는 당연히 존재하는 것이니, "왜 이러한 비정상적 상황이 존재하는가?"라고 이의를 제기하지 말고, 그 올가미에 걸리지 않도록 사려 깊게 판단하고 신중하게 행동하면서 적극 소통하라고…

61. 관리자의 네 가지 유형　　　　　20190410
〈관리자, 시너지 창출의 달인이어야‥〉

> 똑게(똑똑하고 게으른)형이 운영하는 조직 특성은 무엇인가? 전체역량이 구성원 각자가 보유한 능력의 합보다 훨씬 크게 나타난다. 구성원의 다양한 가치로 형성된 시스템이 조화를 이루면서 시스템 에너지(system energy)가 창출된다. '시너지(synergy)'로 명명한다.

　사람이 집단이나 조직을 이루고 일하는 상황에서 특정 영역을 총괄하는 관리자 유형은 네 가지로 구분된다. 우선 '멍부형'이 생각난다. 멍청하면서 부지런한 유형이다. 아는 것은 없지만 성실성과 열심히 노력하는 자세 그리고 투지와 뚝심으로 무장된 관리자다. 멍부형 관리자가 운영하는 조직과 집단에는 재앙이 닥친다. 지식의 부족을 자각하지 못하고 업무 환경에 대한 이해력도 결여한 상태에서 적극적 사고로 열심히 일하면 매번 사고를 친다. 하나를 마무리하려는 순간 또 다른 사고가 연쇄적으로 터진다. 결국 그 조직(집단)은 쑥대밭이 된다.

　멍부형보다 다소 나은 유형이 '멍게형'이다. 지식이 부족하지만 게을러서 일을 벌이지 않기 때문에 사고 칠 일이 없는 관리자다. 그러나 '멍게형' 관리자가 운영하는 집단(조직)에서는 제2, 제3의 멍게형 인물이 양성된다.

가장 많은 관리자 유형은 '똑부형'이다. 똑똑해서 아는 것이 많은 관리자가 부지런하기까지 하니 얼마나 바람직한가. 그러나 똑부형은 아랫사람의 사기를 저하시킨다. 지시한 지 얼마 안 된 사안의 검토 결과를 서둘러 찾으면 당연히 "지금 검토 중인데요"라는 답변을 듣게 된다. 그러면 똑부형 관리자는 "내가 지시한 것이 언제인데 아직까지 검토만 하고 있는 거야, 이 사람들은 평생 검토만 하고 사나? 도대체 일을 하는 거야 안 하는 거야, 우리 조직에는 왜 이렇게 쓸만한 사람이 없지? 내가 직접 챙기지 않으면 되는 일이 없단 말이야, 내가 휴가를 못가요, 휴가를…"이라고 말하며 직원들을 닦달한다. 일을 맡는 순간부터 직원은 시달리기 때문에 업무를 기피한다. 문제는 주인을 만나지 못하고 표류하면서 주변의 다른 문제와 결합된다. 누적된 문제가 터져서 심각한 상황에 이르게 되면 똑부형 관리자는 "내가 직접 챙기지 않으면 되는 일이 없다니까."라는 말을 연발하며 직접 해결하느라 정신없이 바쁜 나날을 보낸다.

오래전 무더위가 기승을 부리는 여름에 열심히 일만 챙기는 어느 현장 관리자에게 "이렇게 더운데… 휴가 좀 다녀오시지요?"라고 말한 적이 있었다. 그 관리자는 "제가 자리를 비우면 현장이 쑥대밭이 될 우려가 있습니다. 제가 직접 챙기지 않으면 안 되는 상황이라서 도저히 자리를 비울 수 없습니다."라고 말하고 나서 긴 한숨을 몰아쉬며 다시 일에 파묻혔다. 3개월 정도 지나 찬 바람이 불기 시작할 무렵이었다. 업무적으로 궁금한 사항을 문의하기 위해 그 관리자에게 전화를 한 필자는 통화 중에 목소리가 좀 이상하다는 느낌이 들어서 무심코 "지금 어디신가요?"라고 물었다. 답변은 과로로 쓰러져 병원에 입원해 있다는 것이었다. 현장보다 자신의 몸이 먼저 쑥대밭이 되었다.

관리는 다른 사람을 움직여서 내 목적을 실현하는 일련의 과정이다. 모두 적극적으로 일해 주면 좋겠지만 남이 나와 같지 않으니 답답함을 느끼는 것은 당연하다. 절박한 상황에서는 속이 새까맣게 타들어 가는 느낌도 경험한다. 다른 사람을 신뢰하지 못해서 모든 일을 직접 챙겨야만 직성이 풀리는 사람은 관리자를 지향해서는 안 된다. 특정 분야에서 완벽성을 추구하는 전문가의 길을 가야 한다. 전문가와 같은 업무수행 방식으로 관리자 역할을 하면 문제 수습에 앞서 본인이 먼저 망가진다. 심지어는 죽을 수도 있다.

똑부형이 관리하는 조직(집단)에서는 일이 잘 진행되지 않는다. 함께 일하는 사람들이 지겨워하면서 적지 않은 사고도 생긴다. 최근 어려운 경제 상황에서 도산하는 기업이 적지 않다. 놀다가 망하는 회사를 본 적이 있는가. 모두 똑똑한 사람들이 열심히 일하는 와중에 어려움을 맞는다. 어느 CEO는 눈물을 글썽이면서 "우리가 놀다가 망했으면 억울하지나 않죠, 정말 열심히 일했는데도 이렇게 망가지는 것을 보면 이 나라가 잘못된 것 아닙니까?"라고 한탄했다. 문제를 냉정하게 파악해 보면 대개 하지 말아야 할 일과 하지 않아도 될 업무를 적극적으로 추진했다는 결론에 이른다.

망하기 직전의 회사가 가장 바쁘다. 마지막 몸부림은 멋있어 보인다. 꺼지기 직전의 불꽃이 가장 아름답다. 문제는 몸부림이 끝나고 불꽃이 꺼지면 끝장이 난다는 것이다.

바람직한 관리자는 '똑게형'인 것 같다. 똑똑하지만 적당히 게으른 유형이다. 똑게형은 아는 것이 많은 만큼 미래 상황을 정확히 예견하여 목표와 방향을 명확히 설정한다. 일이 구체화 되는 시점에서는 적당히 게을러서 자신이 직접 하지 않는다. 아랫사람에게 "내가 자네를 확실히 믿고 있는 것을 알고 있나?"라는 말로 신뢰의 메시지를 전한다. 가슴 뭉클해하며 "감사합니다."라고 말하는 직원에게 똑게형은 "이 일은 자네에게 맡기겠으니 소신껏 해보게, 다만 내가 제시한 목표와 방향에 유념하도록 하게"라고 강조한다. 직원이 "어떤 방식으로 추진하는 것이 좋을까요?"라고 물으면 화를 벌컥 내며 "이 사람, 그걸 왜 내게 묻는 거야, 자네가 알아서 하란 말이야, 창의적으로 잘할 수 있지?, 애로사항 있으면 내게 보고하고"라고 말한다. 믿어주니 고맙고, 한꺼번에 다 맡겨주니 전체상황을 조망하면서 일을 할 수 있게 된 직원은 재미와 보람을 느낀다. 실력이 급속도로 향상되어 유능한 인력으로 성장한다.

똑게형 관리자는 직원의 일을 간섭하지 않는다. 믿고 맡기면서 창의성과 의욕을 고취시킨다. 업무 전반을 살피고 일에 대한 목표를 명확하게 제시하는 한편, 시간적 여유를 가지고 조직(집단)의 미래를 구상한다. 일에 대한 노력의 방향이 다른 것이다. 똑게형이 운영하는 조직의 특성은 무엇인가. 전체역량이 구성원 각자가 보유한 능력의 합보다 훨씬 크다는 것이다. 조직(집단)의 가치체계(value system)가 균형을 이루면서 여분의 에너지가 창출되기 때문이다. 구성원의 다양한 가치로 형성된 시스템이 조화를 이룬 결과에서 비롯된 것이라서 시스템 에너지(system energy)로 명명한다. 줄여서 '시너지(synergy)'로 언급한다. 관리자는 시너지 창출의 달인이 되어야 한다.